Barbara Brugger

Afrikanische Tänze und Rhythmen

Eine Anleitung
mit Choreographien von

Cheikh Tidiane Niane

Ines Blersch
Fotografie

arbor

Verlag

Freiamt

Wir danken:

der Tanzgruppe TSV Berg, Susanne Hibbel, Gabriele Pirkl, Gerd und Gisi, Claudia Runge, Gebhard Brugger und Cheikh Tidiane Niane.

Die Deutsche Bibliothek – CIP-Einheitsaufnahme

Afrikanische Tänze und Rhythmen : eine Anleitung mit Choreographien von Cheikh Tidiane Niane / Barbara Brugger. Ines Blersch Fotogr. – 1. Aufl. – Freiamt : Arbor-Verl., 1995
  ISBN 3-924195-20-X
NE: Brugger, Barbara; Blersch, Ines

Titelgestaltung: Beate Steil
Satz und Layout: Atelier Kibler, Weingarten
Repros: Grafik & Reprostudio Andreas Lang, Ostfildern
        reproteam, Weingarten
Musiknotation: Jürgen Braun, Stuttgart
Druck und Verarbeitung: Kösel, Kempten

1. Auflage 1995
ISBN 3-924195-20-X

Inhalt

Einführung

In unserem Buch *"Tanzen zwischen Himmel und Erde"* galt unser besonderes Anliegen dem Verständnis für den afrikanischen Tanz. Unsere Arbeit daran glich einer sorgfältigen Spurensuche und endete mit den ersten und einfachsten Tanzbewegungen und Choreographien. Eine Grundlage war geschaffen, doch konnte es damit belassen werden? Jetzt fängt das Tanzen doch erst richtig an! Aus diesen Überlegungen heraus entstand das Bedürfnis, die vielen schönen und von Bewegungsvielfalt überquellenden Choreographien von Cheikh Tidiane Niane festzuhalten und Ihnen zugänglich zu machen. Es handelt sich hierbei um anspruchsvolle Choreographien, die Cheikh in seinen Kursen für Fortgeschrittene unterrichtet. Die Bewegungsabläufe und Folgen können besonders Anfänger überfordern, vor allem, wenn sie keine Tanzerfahrung in anderen Tanzstilen haben. Aber auch für Tänzerinnen und Tänzer, für die der afrikanische Tanz längst kein Neuland mehr ist, wird es vielleicht nicht einfach sein, die in diesem Buch vorgestellten Tänze sozusagen vom Blatt zu tanzen.

Sie fragen sich jetzt sicher, warum ich es trotzdem wage, diese von Lebendigkeit sprudelnden Bewegungen, die den ganzen Raum vom Boden bis zu den Wolken ausfüllen können, auf ein flaches Blatt Papier zu bringen. Es gibt dafür natürlich einige Gründe. Ich werde oft von KursteilnehmerInnen nach Aufzeichnungen der Choreographien gefragt, da sich während des Kurses kaum die Möglichkeit bietet, mitzuschreiben und Männchen zu malen. Meist erweisen sich solche Aufzeichnungen hinterher auch nicht gerade als die glücklichste Lösung und frischen gerade mal das Kurzzeitgedächtnis etwas auf. Der immer wieder auftauchende Wunsch nach einer guten Aufzeichnung der Tänze war sicherlich ein Grund. Es erschien mir jedoch auch notwendig, diese Vielfalt an Bewegungen festzuhalten, um sie einem größeren Kreis zugänglich zu machen. Die Choreographien sind ein wertvoller Schatz und eine Fundgrube an überaus brauchbarem Material für jeden, der mit Tanz zu tun hat, sei es, daß sie im Unterricht Verwendung finden, sei es als Ideenfundgrube für eigene Choreographien, sei es zum Ausprobieren neuer Bewegungsformen oder ganz einfach, um sich in den afrikanischen Tanz und dessen Vielfalt an Bewegungen zu vertiefen, sei es, um Neues auszuprobieren oder sich an Altes zu erinnern und einfach Spaß am Tanzen zu haben. Ein besonderes Augenmerk wurde jedoch neben all den erwähnten Möglichkeiten dem Vermitteln von Unterrichtsmaterial gewidmet.

In den letzten Jahren ist die Nachfrage nach Unterricht und Kursen für afrikanischen Tanz erheblich gestiegen. Da es wenige afrikanische LehrerInnen im deutschsprachigen Raum gibt und diese meist nur Wochenendkurse geben, besteht vor allem ein großes Interesse an fortlaufenden Kursen. Dieser Bedarf kann nur durch nicht-afrikanische LehrerInnen gedeckt werden. Es beginnen also immer mehr weiße LehrerInnen, weiße SchülerInnen die Tanzkunst der Schwarzen zu lehren. Es ist klar, daß dies nicht ganz problemlos durchführbar ist. Es beginnt oft schon damit, daß keine Trommler zur Verfügung stehen und auf Live-Musik verzichtet werden muß; und durch die Verwendung von Musik-Kassetten geht ein Teil der notwendigen Atmosphäre verloren. Neben diesem praktischen Aspekt sehe ich aber das Hauptproblem darin, daß der Lehrer oder die Lehrerin sich immer in der Rolle des Weitergebenden aus zweiter Hand befindet. Dies sollte allen nicht-afrikanischen LehrerInnen oder KursleiterInnen bewußt sein. Gerade Multiplikatoren müssen sich unbedingt vor bloßer Imitation schützen und zuerst ihren eigenen Stil und Weg finden, bevor sie diesen Tanzstil weitergeben. Es liegt mir deshalb besonders am Herzen, Ihnen die Choreographien nicht nur zum perfekten Nachtanzen anzubieten, sondern als eine Basis für neue Bewegungsmöglichkeiten zu präsentieren. Wie in der bildenden Kunst, so können auch TänzerInnen sich durch die Tanzformen und Rhythmen fremder Kulturen beeinflussen lassen. Besonders auch in der Musik geschehen in letzter Zeit solche gegenseitigen Bereicherungen. Der Begriff "World music" steht dafür. Der Einfluß auf die persönlichen Bewegungsstrukturen ist so individuell, daß dafür kein bestimmtes Rezept oder didaktisches System vorgegeben werden kann. Ich möchte es lediglich dabei belassen, auf diese Möglichkeit aufmerksam zu machen.

Es existieren aber nicht nur Probleme, wenn nicht-afrikanische LehrerInnen afrikanischen Tanz unterrichten. Ein deutlicher Vorteil ist das Wissen und das Verständnis für die Schwierigkeiten beim Einfinden in das spezielle und für viele TanzschülerInnen zunächst fremde Tanzgefühl. Deshalb habe ich der gezielten Vorbereitung ein besonderes Augenmerk geschenkt.

AfrikanerInnen lernen das Tanzen von Kindesbeinen an, und es scheint mir, daß sie auch aufgrund ihrer Anatomie eine gezielte Vorbereitung nicht nötig haben. Dies trifft selbstverständlich nicht für Profitänzer zu, sondern für diejenigen, die bei Festen und sozusagen für den Hausgebrauch tanzen. Der körperliche Einsatz ist auch hierbei enorm, und gerade die Solotanzeinlagen, die bei Festen besonders beliebt sind, werden oft in unglaublichem Tempo getanzt – ohne jegliche Vorbereitung.

Ein gezieltes Aufwärmen und eine damit verbundene inhaltliche Vorbereitung ist für uns auf jeden Fall wichtig, egal, ob es sich um TanzanfängerInnen oder um fortgeschrittene TänzerInnen handelt. Die beschriebenen Übungen und Ideen können ohne ein bestimmtes Schema oder eine festgelegte Folge beim Aufwärmen verwendet werden. Ich habe bewußt keine sogenannten Musterstunden vorgegeben, da nach meiner Erfahrung solche Beispiele fast nie in der angegebenen Form für eine bestimmte Gruppe verwendet werden können. Die Übungen sind nach bestimmten Gesichtspunkten geordnet, die technische wie auch geistige Inhalte umfassen. Das erleichtert Ihnen im Unterricht das Vermitteln des Inhaltes, entweder durch die Übung selbst, oder Sie können während der Ausübung darauf hinweisen. Das Auswahl- und Zuordnungsprinzip für die einzelnen Vorbereitungsübungen habe ich auch deshalb so ausführlich dargelegt, damit es Ihnen möglich ist, nach diesem Prinzip weitere Übungen zuzuordnen.

Bei den Beschreibungen der Choreographien von Cheikh ging ich zunächst von meinem eigenen Tanzgefühl aus, von meiner eigenen Art, mir diese Bewegungen leicht zu merken und die Abfolge zu koordinieren. Selbstverständlich ließ ich auch meine Beobachtungen an SchülerInnen im Unterricht von Cheikh und schließlich meine eigenen Erfahrungen beim Unterrichten mit einfließen. Dies alles garantiert jedoch nicht, daß Sie jede Bewegung auf Anhieb genau so erlernen, wie Sie es im Unterricht von Cheikh gemacht hätten. Deshalb möchte ich Sie bitten, betrachten Sie nicht nur die technischen Details, sondern lassen Sie auch die Ausstrahlung der Fotos auf sich wirken. Tanzen Sie die Bewegungen so, wie Sie selbst glauben, daß sie richtig sind und kämpfen Sie nicht mit meinen Angaben. Mit Fotos und Text haben wir unser Bestes versucht, um alle Lebendigkeit wiederzugeben, die im afrikanischen Tanz steckt, und wir hoffen, daß Sie trotz aller Schwierigkeiten, die sich bei der Umsetzung von schriftlichen Anleitungen in sprühende Bewegungen ergeben, beim Erlernen und Ausprobieren viel Spaß haben werden.

Indem wir Cheikhs Choreographien zu Papier gebracht haben, möchten wir Ihnen ein Schatzkästlein öffnen und Sie bitten, sich mit Lust und Freude daraus zu bedienen.

Afrikanischer Tanz –
Bedeutung und Aufruf

Aus einem Gespräch mit Keita Fodéba [1]

"Der afrikanische Tanz ist weit entfernt davon, eine autonome Kunst (wie in Europa) zu sein, er ist eine Vereinigung von Rhythmus und Bewegung. Darüber hinaus ist er ein charakteristisches Phänomen des afrikanischen Lebens, er kann Ritual, Magie, Zauberei, Geisterbeschwörung, Ausdruck von Freiheit und sonstiger moralischer Gefühle sein. In allen Ländern der Welt gibt es ebenso viele Formen des Tanzes, wie es Völker, Gebräuche, Kulte, Traditionen und Ethik gibt. In Europa ist der Tanz – soweit man nicht an Gesellschaftstanz denkt – heute vom Volk isoliert. In Afrika dagegen ist er noch immer eine spontane Äußerung aller Volksschichten. In Europa wie auch in Amerika wird der Tanz fortschreitend intellektualisiert. Das wünschen wir Afrikaner uns nicht, und das werden hoffentlich auch unsere Nachfahren nie dulden. In Europa soll der Tanz nach Anmut und Schönheit streben, ästhetisch sein und eine Idee zum Ausdruck bringen. In unseren friedlichen afrikanischen Dörfern lernen wir tanzen und singen, genau wie man sprechen lernt. Man tanzt, um seine Gefühle auszudrücken, die durch den Rhythmus der Bewegung und des Körpers in eine Sprache übersetzt werden, die jedem verständlich ist. Es ist weiterhin logisch, daß in einem Land, in dem Tam-Tams Botschaften über große Entfernungen tragen, Musik und Tanz eng verknüpft sind. Denn der Rhythmus des Klangs und der des Körpers haben die gleiche Fähigkeit zum Ausdruck... Für uns ist Authentizität gleichbedeutend mit Realität. Solange sich die Volkskunst auf die Traditionen, Gedichte, Lieder, Tänze und populären Sagen eines Landes gründet, wird sie das Leben dieses Landes reflektieren. Wenn sich jedoch das Leben entwickelt, so liegt kein Grund vor, warum sich die Volkskunst als lebendiger Ausdruck des Lebens nicht auch entwickeln sollte. Folglich ist die Volkskunst des heutigen Afrika ebenso authentisch wie die des alten Afrika. Ich meine darum, daß es absurd wäre, unsere Volkskunst nur auf die Vergangenheit unseres Landes zu begrenzen ... Ebenso wie in Europa, so sind auch in Afrika die Tänze unserer Väter und Großväter voller Majestät und Weisheit, obwohl die jungen Generationen in den Dörfern heute Lieder und Tänze kreieren, die unsere Epoche darstellen, die allerdings von den Jahrhunderten des Kolonialismus gekennzeichnet ist. Das Wesentliche der Authentizität der Volkskunst ist, den originalen Charakter durch äußere Einflüsse nicht zu verlieren ... Möge das Afrika von morgen niemals die Geheimnisse seiner Gesänge und Tänze verlieren! Möge es immer fähig zum Tanzen sein: denn für Afrika bedeutet der Tanz das Leben. Tausende von Jahren sind nur wie ein einziger langer Tanz mit vielen Figuren gewesen, ein echter Tanz des Lebens, der die Botschaft des Afrika von heute ist! Die Afrikaner in den Städten dürfen diese Botschaft nicht vernachlässigen und ihre Bedeutung nicht den Zufällen und Wechselfällen der Geschichte überlassen. Wir wissen nicht, in welchem Ausmaß der Tanz in anderen Gemeinschaften eine bestimmte Rolle spielt. Aber wir wissen, daß der Tanz mit seinem moralischen und sozialen Hintergrund das Element gewesen ist, das es den afrikanischen Gemeinschaften ermöglichte, ihren Zusammenhalt aufrechtzuerhalten. Und wir wissen, daß nur die Stimme der Tam-Tam ausreichende Macht und Magie besitzt, um zu den Afrikanern in ihrer ursprünglichen Sprache zu sprechen. Wie verschieden die Formen und Ursprünge unserer Tänze auch sein mögen, so besitzen sie dennoch ausnahmslos den gleichen Geist. Es ist der Geist, den der Mensch unaufhörlich mit Erstaunen in sich selbst entdeckt. Für ihn gibt es nur ein Gesetz: fortwährenden, ständigen und aufwärtsstrebenden Fortschritt. Hierin stimmt die dynamische Macht des Denkens mit der dynamischen Macht des Tanzes, der verkörpertes Denken ist, überein."

Diese Aussagen hat Keita Fodéba vor ca. 30 Jahren gemacht und sie haben in bezug auf den afrikanischen Tanz bis heute nicht an Gültigkeit verloren. 1994 sagte der Choreograph und Tänzer Georges Momboye von der Elfenbeinküste: "Der Tanz ist wie Wasser. Er muß fließen und immer wieder neue Ufer umspülen."

Diese Gedanken sollen den Gebrauch dieses Buches begleiten.

Rhythmus und Trommeln

Musik und Rhythmus spielen im afrikanischen Leben eine zentrale Rolle. Kinderlieder und Zählverse begleiten die Kinder durch alle Altersstufen. Märchen werden nicht nur erzählt, sondern von Liedern und Rhythmen begleitet, die im Wechselgesang mit den Zuhörern gesungen und geklatscht werden. Die Griots benützen das Lied, um geschichtliche Begebenheiten, Moralpredigten und Lobeshymnen unters Volk zu bringen. Bei jedem Fest stehen Musik, Trommelrhythmen und Tanz im Mittelpunkt, und wenn die Gastgeber keine Live-Musik bezahlen können, so kommt sie aus der gemieteten Musikanlage. Politische Parolen in rhythmischem Sprechgesang finden sich in Super-Hits genauso wie das Thema Liebe. Aktuelle afrikanische Musiker und Komponisten genießen eine wesentlich größere Popularität als bei uns, was die vergleichsweise hohen Verkaufszahlen von Platten und Kassetten beweisen. Ein Beispiel hierfür ist der senegalesische Sänger, Komponist und Bandleader Youssou N'Dour, der erst lange, nachdem er in seiner Heimat berühmt wurde, auch in Europa Beachtung fand. Seine Popularität in Senegal geht so weit, daß Boutiquen, Modestile und sogar bestimmte modische Frisuren nach seinen Liedtiteln benannt werden. [2]
Dieser kurze Überblick soll nur einen groben Eindruck davon geben, wie weitgefächert die Musik und somit auch der Rhythmus in Afrika präsent ist, vom traditionellen Lied bis zu den Hitlisten und in allen Bereichen des Lebens.

Ebenso wie die Musik ist der Tanz im täglichen Leben der Afrikaner verwurzelt und wird nicht als künstlerisches Werk betrachtet, sondern als Erlebnis- und Ausdrucksmöglichkeit jedes einzelnen. Tanz und Musik bilden eine Einheit. Das verbindende und für Musiker sowie Tänzer in gleichem Maße wichtige Element ist der Rhythmus. Zur Erzeugung des Rhythmus werden hauptsächlich Trommeln verwendet.

Die Trommeln nehmen in der afrikanischen Musik eine wichtige Stellung ein und sind für den Tänzer bestimmend und energiespendend zugleich. Bei religiösen Zeremonien oder gesellschaftlichen Festen bestimmt der Trommelschlag den Verlauf des Geschehens und die Bewegungen der Tänzerinnen und Tänzer. Die Trommel spricht zu den Teilnehmern einer Zeremonie oder den Gästen eines Festes.
In vielen afrikanischen Ethnien steht die Trommel in enger Verbindung mit der Sprache. Die Trommel kann den Rhythmus und Klang der Sprache imitieren bzw. nachvollziehen. Die *Talking drum* ist, wie der Name schon sagt, besonders dazu geeignet. Ihre Funktion ist auf S. 14 genauer beschrieben. Durch Rhythmus und Tanz werden Energien frei, die auch als Sprache Gottes betrachtet werden.

Unter dem Einfluß des Rhythmus können Tänzer in Trance gelangen. In diesem Zustand können sie in Kontakt mit den Göttern treten und große Energie in sich aufnehmen, die sie im gemeinsamen Tanz an andere weitergeben.

Dies sind Dinge, die für uns Menschen aus westlichen Kulturkreisen schwer verständlich sind. Trotzdem übt das Schlagen der Trommel auch auf uns eine große Faszination aus. Dies beweisen zum Beispiel die ursprünglich afrikanischen Rhythmen wie Samba, Rumba usw., welche die ganze Welt begeistern. Die traditionelle afrikanische Musik verkörpert ebenfalls den ursprünglichen Pulsschlag für Blues, Jazz und Pop.

Das Pulsieren und Vibrieren des Trommelschlags wirkt direkt auf den Körper und kann von diesem auch ungehindert aufgenommen werden, da auch im Körper ein ständiges Pulsieren durch Herzschlag und Atmung stattfindet. So erklärt dies der Percussionist Reinhard Flatischler. [3] Die Grundmotion der Bewegungen des afrikanischen Tanzes ist ebenfalls ein Pulsieren. So wird der Rhythmus durch den Körper verstärkt zum Ausdruck gebracht. Trommelschlag und Bewegung verschmelzen, und Trommler und Tänzer treten in einen Dialog. Wenn das Pulsieren des Trommelschlages, des Körpers und der Tanzbewegung in Einklang kommen, entsteht die Höchstform des afrikanischen Tanzgefühls, die Trance. Auch wenn dieser Zustand nicht erreicht wird, so entsteht beim Tanzen und Trommeln ein Wechsel von Energie-Aufnehmen und Energie-Abgeben. Dadurch ist es auch möglich, stundenlang zu tanzen. Dies trifft nicht nur für afrikanische Tänzer zu, sondern das erleben viele westliche Tanzschülerinnen und -schüler immer wieder. Der Trommelschlag ist nicht nur ein akustischer Reiz für unser Ohr, er kann mit dem ganzen Körper gefühlt werden. Er bringt etwas in Bewegung. Er transferiert Energie. Daß in Afrika nicht Trommler oder Tänzer als Erzeuger dieser Energie betrachtet werden, sondern die Trommel selbst, zeigen uns auf einfache Weise die Trommler von Burundi. Nach jedem gespielten Trommelstück verstecken sich die Trommler hinter ihren Instrumenten, so daß die Zuschauer nur noch die Trommeln sehen, den Ursprung und die Quelle jener Energie, die uns allen Freude und Kraft bringt. [4]

Es ist also die Trommel selbst, der diese Magie und Kraft zugeschrieben wird, und im erweiterten Sinn kann gesagt werden, daß jeder Trommeltyp, jede einzelne Bauart eine unterschiedliche Wirkung hat. Sicherlich auch deshalb wurden bei bestimmten religiösen Riten oder anderen Handlungen nur die speziell dafür vorgesehenen Trommeltypen verwendet. Diese Zuordnung existiert nicht nur in Afrika, sondern ist auch in Kulturkreisen anderer Kontinente zu beobachten. [5] Inzwischen ist diese strenge Ordnung verwischt oder ganz ungültig geworden. Oft wird hierfür der Ausdruck verwendet: *die Trommeln sind entweiht worden.* Dies erweckt den Eindruck, daß die Trommeln vorher geweiht oder, wie auch oft ausgedrückt, heilig waren und jetzt außerhalb ihres Geltungsbereiches alle Wirkung verloren haben. Sicherlich hat sich die Kraft und Wirkung verändert. Während einer Zeremonie war das Trommelspiel eingebunden in eine Menge anderer ritueller Handlungen und wurde in diesem Zusammenwirken selbstverständlich anders aufgenommen, als wenn die gleichen Trommeln im Zusammenspiel mit E-Gitarre und Saxophon aus dem Radio dröhnen. Aber die Trommel hat ihre Magie nicht verloren. Der afrikanische Trommler betrachtet sein Instrument mit großer Hochachtung, und ihm ist bis heute bewußt, daß seine Trommel Großes bewirken kann. Oft gibt er ihr einen Namen und personifiziert sie somit; er selbst bleibt nur der Diener derselben. Trommelspiel und Rhythmus können immer noch, herausgerissen aus ihrem zeremoniellen Zusammenwirken, Tänzer in Trance versetzen oder zumindest ihr Körpergefühl und ihre Wahrnehmung verändern.

Die Trommel zählt zu den ältesten Instrumenten unterschiedlichster Kulturen, und ihr wird, egal an welchem Ort der Erde, große Kraft und Magie zugesprochen. Auch in Afrika wird Musik und Rhythmus nicht nur als Unterhaltung angesehen, sondern viel bewußter als bei uns erlebt. Sie ist selten nur Geräuschkulisse oder Zeitvertreib. Sie ist immer die Bestätigung von Lebendigkeit und dem Bewußtsein unterschiedlichster Gefühle, sie ist Herzschlag und Freude, und sie ist vor allem ein gemeinschaftliches Erlebnis.
Yocoub "Bruno" Camara, geboren in Guinea, gründete die Gruppe "Fatala", deren Musik auf überlieferten Rhythmen basiert und die weltweit großen Erfolg hat. "Musik ist meine Religion, meine Politik. Wenn Leute zusammen Musik machen, durchdringen sie unsichtbare Grenzen – so ist Musik die einzige Sprache, die direkt von Herz zu Herz gelangt ohne Worte und Aggressionen – das ist das Ziel meiner Arbeit." [6]

Einige westafrikanische Trommeln sind inzwischen auch bei uns sehr beliebt und werden nicht nur von Musikern, sondern auch von Nichtprofis gerne gespielt. Deshalb möchte ich ein paar der gebräuchlichsten Trommeln beschreiben. Größe und Form der Trommeln können stark variieren und die Abbildungen sollen nur ein Anhaltspunkt zum Erkennen der unterschiedlichen Trommeltypen sein.

Die *Djembe* ist wahrscheinlich die in Europa am häufigsten benützte Trommel aus Westafrika. Sie ist kelchförmig, aus einem Stück

Holz gehauen und üblicherweise mit einer Ziegenhaut bespannt. Sie wird mit den Handflächen gespielt. Durch ihre Vielfalt an Anschlagsarten und Tonhöhen wird sie auch als Solotrommel eingesetzt.

Oft werden Bleche, an denen verschiedene Metallringe oder ähnliche rasselnde Teile befestigt sind, seitlich in die Bespannung der Djembe gesteckt, so daß sie durch die Vibration der gespielten Trommel ständig mitrasseln. Solche für die afrikanische Musik typischen Begleitgeräusche können auch durch Rasseln und Glöckchen an den Fesseln und Handgelenken von Musikern und Tänzern erzeugt werden.

Die *Dungdung* wurde ursprünglich nur an den Königshöfen in Mali gespielt. Sie hat einen zylindrischen Körper aus Metall oder Holz und ist auf beiden Seiten mit Rinderfell bespannt. Sie wird mit einem Stock gespielt. Meist werden zwei oder drei Dungdungs unterschiedlicher Tonhöhe zusammengebunden. Oft wird auf der obersten Trommel eine Glocke befestigt, die mit einem zweiten Stock geschlagen wird.

Die *Sabar* ist eine in Senegal verbreitete Trommel mit einem hohen, schlanken Holzkörper. Besonders bei der Sabar kann die Form des Trommelkörpers von der nebenstehenden Abbildung abweichen. Das Fell ist im Gegensatz zu Djembe und Dungdung, die mit Schnüren gespannt sind, mit kleinen Holzpflöcken gespannt. Sie wird mit einem Stock und mit der Hand gespielt. Die Stockschläge erzeugen einen harten peitschenden Klang.

Die *Bugarabu* sind Trommeln, die im südlichen Senegal und in den angrenzenden Waldgebieten gebräuchlich sind. Drei oder vier verschieden große Trommeln mit unterschiedlichen Tonhöhen werden nebeneinander auf einem Gestell befestigt und mit den Handflächen gespielt.

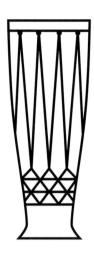

Talking drum ist die internationale Bezeichnung für eine Trommel, die auch Achseltrommel genannt wird, weil sie zum Spielen mit dem Oberarm unter die Achsel geklemmt wird. Wegen ihrer Form trägt sie auch den Namen Sanduhrtrommel. Wie bei vielen anderen Trommeltypen ist die Bezeichnung für die Talking drum auch regional unterschiedlich. In Senegal ist sie unter dem Namen *Tama* bekannt, bei den Yorubas wird sie *Dundun* genannt. Mit der Dundun ist es dem Yorubatrommler möglich, die Sprache der Yoruba, die eine Tonsprache ist, zu imitieren. Aber auch andere Ethnien verwenden diese Sprechtrommel, jedoch meist in kleinerer Ausführung. Die Trommel besteht aus einem sanduhrförmigen Holzkörper, der beidseitig mit einem Fell bespannt ist. Als Bespannung dient eine Lederschnur, welche die beiden Felle direkt miteinander verbindet. Wird die Trommel unter den Arm geklemmt und die Bespannung mit dem Oberarm zusammengedrückt, so ändert sich der Ton der Trommel. Mit einem gekrümmten Schlagstock und mit der Hand können so fein nuancierte Töne und die typischen verzerrten, an- und abschwellenden Klänge erzeugt werden.

Jedem Tanz ist ein bestimmter Grundrhythmus zugeordnet. Dieser setzt sich aus mehreren verschiedenen Rhythmen von gleicher Ablaufdauer zusammen. Die einzelnen Rhythmen mit unterschiedlichen Akzentwerten werden als Metren bezeichnet, die alle zusammen gleichzeitig gespielt den Grundrhythmus bilden. Der gesamte rhythmische Aufbau, der nur in der afrikanischen Musik zu finden ist, wird *Polymetrik* genannt. Außerdem kann der Grundrhythmus durch einen

Ruf überspielt werden. Dies ist ein festgelegter Rhythmus, der nur einmal geschlagen wird, um den Tänzern den Wechsel zur nächsten Bewegung anzukündigen. Meist wird der Ruf durch den Solotrommler mit der Djembe gespielt. Bei der Notation zum *Erwachsenentanz* ist er für die Djembe angegeben. Der Ruf kann aber auch durch die Dungdung oder eine andere Trommel gespielt werden. Es gibt auch Tänze, bei denen für jede Bewegung ein eigener Grundrhythmus vorgesehen ist. Darüber hinaus setzt die afrikanische Musik keine Grenzen für Variationen und Solos, die allerdings bestimmten Regeln gerecht werden. Wenn Sie sich näher mit der afrikanischen Musik beschäftigen wollen, empfehle ich Ihnen die Veröffentlichungen von Gerhard Kubik, und besonders sein Buch "Zum Verstehen afrikanischer Musik". [7]

Zu den beschriebenen Tänzen wurde eine Notation für die Djembe und Dungdung erstellt. Sie ist als Gedächtnisstütze oder zur Erinnerung an das im Trommelkurs Erlernte gedacht. In Verbindung mit den zum Buch gehörenden Kassetten kann die Notation ebenfalls hilfreich sein. Einen afrikanischen Rhythmus in seiner Vielfalt von Akzenten perfekt nach Noten abzuspielen, ist nicht möglich, ganz davon abgesehen, daß Afrikaner weder Noten aufzeichnen noch vom Blatt spielen.

Um die Notation richtig benützen zu können, sollten Sie folgendes beachten:

Die drei zentralen Anschlagsarten der Djembe sind: Baß = Trommelmitte/ voller Ton; Open = Trommelrand/voller Ton; Slap = zwischen Rand und Mitte/ scharfer Schlag mit oder ohne Ton.
Natürlich gibt es unzählige Mischformen, auch läßt sich der Open in den Tonhöhen gut variieren, je nach Nähe zum Trommelrand (Naturtonreihe).

Die Notenlinien für die Djembe bedeuten:

hoher Open oder Slap
mittlerer Open
tiefer Open
Baß

Unter den Noten steht in kleinen Buchstaben die Angabe:
r = rechte Hand, l = linke Hand

Bei Noten, die nicht in den Zwischenräumen, sondern auf den Linien liegen (z. B. beim *Erwachsenentanz*), handelt es sich um oben erwähnte Mischformen, deren Spielweise im Ermessen des Spielers liegt.

Ideen für das Aufwärmen

Das bewußte und gezielte Aufwärmen ist ein wichtiger Bestandteil des Unterrichts. Auch wenn Sie alleine zu Hause tanzen, sollten Sie sich zuvor aufwärmen. Für jede Sportart gibt es gezielte Aufwärm-, Dehnungs- und Kräftigungsübungen. Selbstverständlich existieren solche speziellen Übungen auch für die unterschiedlichen Tanzstile. Eine Ballettänzerin wird sich deshalb anders aufwärmen als eine Sambatänzerin.

Wenn Sie für Ihren Tanzunterricht Ihr spezielles Lieblings-Aufwärmprogramm haben, können Sie dies sicherlich auch als Vorbereitung für den afrikanischen Tanz verwenden. Da der afrikanische Tanz aber eine Tanztechnik erfordert, die sich von anderen Tanzstilen deutlich unterscheidet und außerdem ein spezielles Körpergefühl für das Tanzerlebnis notwendig ist, bietet ein darauf abgestimmtes Aufwärmprogramm eine große Hilfe. Ich halte es außerdem für sehr wichtig, den Körper nicht nur auf die physikalischen Anforderungen vorzubereiten, sondern auch das Körpergefühl zu wecken und das Bewußtsein für den Körper zu intensivieren, es zu öffnen für alles, was mit dem kommenden Tanz zu tun hat. Wenn durch die Vorbereitung auch die inhaltlichen Werte des Tanzes angesprochen werden, wirkt sich dies außerdem sehr positiv auf die Bewegungsqualität aus, und die Schüler finden sich schneller und leichter in den Tanz ein.

Sicherlich sollte die Muskulatur durch Dehnungs- und Kräftigungsübungen vorbereitet werden, und auch der Kreislauf bedarf eventuell einer Aufmunterung. Diese Übungen sind jedoch ganz allgemeiner Art und können beliebig angewendet werden, ohne einen besonderen Tanzstil zu berücksichtigen. Daher habe ich solche Übungen, obwohl sie nicht vergessen werden sollten, außer acht gelassen und mich besonders den Übungen gewidmet, die sich mit der speziellen Tanztechnik und dem besonderen Tanz- und Körpergefühl beim afrikanischen Tanz befassen.

Im Laufe der Zeit habe ich einige Übungen aus verschiedenen Bereichen des Tanzes und der Körperarbeit entdeckt, die den soeben genannten Anforderungen entsprechen. Manche Übungen habe ich genauso übernommen, wie ich sie selbst gelernt habe, manche waren Basis oder Gedankenanstoß für das Entstehen von Aufwärmübungen, die sich besonders als Vorbereitung für den afrikanischen Tanz eignen. Die meisten der beschriebenen Übungen stammen aus dem New Dance, aus der Arbeit nach Feldenkrais und aus der Körperarbeit als Vorbereitung zur Contact Improvisation.

An dieser Stelle möchte ich mich bei allen bedanken, bei denen ich die beschriebenen Übungen gelernt habe und die mir den Anstoß oder die Idee dafür gaben. Bei den Übungen, bei denen ich sicher bin, wer der tatsächliche Autor ist, habe ich es auch erwähnt. Ich bitte um Nachsicht, wenn ich einen Autor oder eine Begründerin einer Übung nicht genannt habe. Viele Übungen haben schon eine lange Reise hinter sich und sind durch Multiplikation so oft abgewandelt worden, daß ich den Ursprung nicht mehr feststellen konnte.

Die Übungen sind unter bestimmten Themenkreisen zusammengefaßt, die den technischen und geistigen Inhalt des afrikanischen Tanzes bezeichnen. Die Auswahl für das Aufwärmprogramm ist also nicht an diese Ordnung gebunden, sondern Sie können sämtliche Übungen in der Ihnen sinnvoll erscheinenden Folge anbieten oder in ein bestehendes Aufwärmprogramm einbauen.

Vielleicht kennen Sie einige der Übungen schon, haben diese aber noch nie in einem solchen Zusammenhang betrachtet. Aufgrund meiner Betrachtungsweise und Auswahl finden Sie sicher noch weitere nützliche Übungen, die Sie bisher anders eingesetzt haben.

Entspannung ist notwendig

Oft kommen die SchülerInnen hektisch und gestreßt in den Unterricht. Gerade noch den Bus erreicht oder doch noch rechtzeitig im Büro fertig geworden oder die Kinder noch in letzter Sekunde ins Bett gebracht. Uff!!!

Entspannung ist notwendig. Nur in einem entspannten Körper kann der Bezug von Körpermitte und Boden entstehen, der notwendig ist, um das typische Tanzgefühl zu erreichen. Auch isolierte Bewegungen lassen sich mit einem entspannten Körper besser und mit weniger Kraftaufwand tanzen. Außerdem können vor allem die ausladenden und starken Armbewegungen und extreme Kopfisolationen bei verspanntem Schulter- und Nackenbereich Schmerzen und Zerrungen hervorrufen. Auch für das Zusammenwirken von Atmung und Bewegung sind Gelöstheit und ein entspannter Körper unbedingt notwendig. Nur so kann die Atmung gleichmäßig fließen und sich dem Bewegungsablauf optimal und individuell anpassen. Eine bewußte Koordination von Atmung und Bewegung sind unter diesen Umständen nicht notwendig.

Wir erreichen große Entspannung, wenn wir uns dem Boden zuwenden und unsere Beachtung darauf lenken, wie und wieviel Körpergewicht wir in Richtung Boden abgeben, und schließlich können wir zur Entspannung auch versuchen, alles Gewicht an den Boden abzugeben. Totale Entspannung darf jedoch in diesem Fall nicht gleichgestellt werden mit Erschlaffen. Wenn die Entspannungsphase durch eine ständige Wahrnehmung des Körpers und seiner Reaktionen begleitet wird, werden die Muskeln gelockert und gleichzeitig das Körperbewußtsein verbessert. Durch diese große Wachsamkeit im Körper können aus der Entspannung auch schnelle Reaktionen und Anspannungen folgen.

Im afrikanischen Tanz spielt der Bezug zum Boden nicht nur technisch eine wichtige Rolle, sondern auch inhaltlich. Der Boden, der Erdboden, die Erde stellen den Ursprung allen Lebens dar. Technische und inhaltliche Aspekte nähren sich im Tanz gegenseitig. Das eine ist ohne das andere nicht denkbar.

Richten wir also unser ganzes Interesse auf unseren Körper und den Boden.

Tennisball-Rollen

Diese Übung sollten Sie am besten barfuß oder mit Socken machen.

Stellen Sie sich bequem hin und legen Sie einen Tennisball unter einen Fuß. Beginnen Sie nun langsam, den Ball unter Ihrer Fußsohle zu rollen und zwar so, daß sie den Kontakt zum Ball nie verlieren. Sie bleiben dabei auf einem Bein stehen und entfernen sich somit nicht von der Stelle. Rollen Sie den Ball unter der Fußsohle auf und ab oder hin und her oder kreisend, an manchen Stellen mehr oder weniger, ganz, wie Sie Lust haben. Indem Sie mehr Gewicht auf den Fuß geben, unter dem der Ball liegt oder einfach stärker auf den Ball drücken, können Sie die Intensität der "Fußmassage" bestimmen. Manchmal ist es sehr angenehm, an bestimmten Stellen so fest zu drücken, daß es fast schmerzt. Bewegen Sie den Ball schnell, langsam, fest oder leicht, wie es Ihnen angenehm ist. Beenden Sie dies nach ca. 2 - 3 Minuten und setzen Sie den Fuß wieder auf den Boden. Beginnen Sie nun, ganz langsam zu gehen und beobachten Sie, wie sich Ihre Fußsohlen beim Gehen und bei der Berührung mit dem Boden anfühlen. Versuchen Sie auch festzustellen, ob sich Ihre Füße unterschiedlich anfühlen. Kehren Sie nun zu Ihrem Ball zurück und beginnen Sie mit dem anderen Fuß den Ball zu rollen. Nach derselben Zeit nehmen Sie den Fuß wieder vom Ball weg und setzen ihn auf den Boden. Dann beginnen Sie langsam mit dem Gehen und beachten die gleichen Dinge wie beim ersten Mal.

Diese Übung entspannt die Füße und sensibilisiert sie gleichzeitig für ihre Begegnung mit dem Boden. Nach dieser Übung werden Sie das Gefühl haben, daß Ihre Füße warm, weich und viel größer sind und daß Sie viel sicherer auf dem Boden stehen.

Fallen

Bereiten Sie das "Fallen", das im Gehen ausgeführt wird, folgendermaßen vor: Stehen Sie bequem, das Gewicht genau gleich auf beide Füße verteilt. Ihre Füße sollten entspannt sein und einen guten Bodenkontakt haben. Sie stehen parallel und im Abstand einer Fußlänge bzw. hüftbreit auseinander. Lassen Sie nun den Oberkörper nach vorne fallen. Die Knie werden dabei leicht gebeugt, die Arme hängen locker und berühren evtl. den Boden, der Kopf pendelt wie eine schwere Kugel am Hals, auch der Po und vor allem der Bauch sind total entspannt. Sämtliches Körpergewicht zieht in dieser Position zum Boden. Bleiben Sie eine Weile in dieser Stellung und rollen Sie sich dann langsam auf. Wiederholen Sie dies ein paarmal.

Nun beginnen Sie, in einem von Ihnen ausgesuchten Tempo durch den Raum zu gehen. Fallen Sie während des Gehens in der soeben beschriebenen Weise nach vorne **1** und rollen Sie sich sofort wieder auf, ohne das Gehen zu unterbrechen. Atmen Sie beim Fallen stark durch den Mund aus. Je nach Bedürfnis können Sie dies mit Prusten oder Stöhnen oder irgendwelchen anderen Lauten verbinden. Das entspannt! Versuchen Sie, gleichmäßig zu gehen, und immer wieder *Fallen* und Aufrollen. Beobachten Sie, was sich beim Gehen vor allem in ihren Beinen und an ihren Schritten verändert, wenn Sie weit nach unten fallen oder nur sehr wenig, wenn Sie direkt vor ihren Füßen in Richtung Boden fallen oder diagonal nach vorne, ähnlich wie bei einem Startsprung. Je entspannter und lockerer Ihr Oberkörper, Arme und Kopf fallen, desto deutlicher spüren Sie die Auswirkung auf die Beine, bzw. die Schritte.

Diese Übung entspannt den Oberkörper und erhöht gleichzeitig das Bewußtsein dafür, wie das Körpergewicht durch die Beine in den Boden geleitet wird. Das Gefühl für die Körpermitte wird geweckt.

Körperrolle

Legen Sie sich auf den Rücken und versuchen Sie, Ihre Arme und Beine so schwer wie möglich werden zu lassen. Versuchen Sie, auch Ihren Rücken so auf den Boden zu legen, daß möglichst viel Auflagefläche entsteht, ohne daß Sie die Wirbelsäule auf den Boden drücken. Beginnen Sie nun seitlich zu rollen. Verlieren Sie dieses Gefühl des Schwerseins nicht. Vielleicht beginnen Sie, indem Sie ein Knie anziehen und zur Seite drehen, so daß der Rest des Körpers ohne viel

Kraftaufwand nachgezogen wird. Setzen Sie das Gewicht Ihrer Körperteile ein und nicht die Muskelkraft. Vielleicht hilft Ihnen die Vorstellung, Sie seien ein mit Sand gefüllter Sack, in dem, wenn er ein bißchen bewegt wird, sofort der Sand in die entsprechende Richtung nachrieselt. Rollen Sie eine Weile immer zur selben Seite und wechseln Sie dann die Richtung.

Diese Übung entspannt den gesamten Körper gleichermaßen, weil dadurch das ganze Körpergewicht immer wieder an den Boden abgegeben wird.

Einfache Übung zur Entspannung der Schultern

Legen Sie sich auf den Rücken. Konzentrieren Sie sich auf eine Schulter. Heben Sie die Schulter und das Schulterblatt vom Boden ab und zwar so, daß der Arm bis zum Ellenbogen auf dem Boden liegenbleibt und die Bewegung auf keinen Fall unterstützt **2** . Sie bewegen nur die Schulter. Dann lassen Sie die Schulter

2

und das Schulterblatt wieder auf den Boden sinken. Schenken Sie diesem Ablegen die meiste Aufmerksamkeit. Machen Sie dies sehr langsam und genüßlich, und atmen Sie bewußt. Wahrscheinlich werden Sie beim Ablegen ausatmen. Wiederholen Sie diese Bewegung ein paarmal. Dann richten Sie Ihre Aufmerksamkeit auf die andere Schulter und führen die Übung ebenfalls ein paarmal aus. Finden Sie selbst heraus, wie schnell bzw. wie langsam Sie die Übung am angenehmsten empfinden. Bewegen Sie zum Schluß beide Schultern im Wechsel, also einmal rechte Schulter anheben und ablegen, dann einmal die linke Schulter anheben und ablegen. Versuchen Sie, dies in einem gleichbleibenden Rhythmus zu machen.

Diese Übung ist der umfangreichen Arbeit von Moshe Feldenkrais entnommen.

Einfache Übung zur Lockerung des Schultergürtels und Öffnung des Brustkorbs

Legen Sie sich auf den Rücken und stellen Sie die Beine an **3** oder lassen Sie sie locker in Hockstellung über dem Bauch angezogen **4** . Wählen Sie die Stellung der Beine, in der Sie sich am besten entspannen können. Strecken Sie nun beide Arme genau senkrecht zur Decke, so daß sie wie zwei Stäbe in den Schultergelenken stehen **5** . Ziehen Sie nun mit einem Arm in Richtung Decke. Dabei heben sich Schulter und Schulterblatt vom Boden ab  . Legen Sie nun das Schulterblatt und dann die Schulter langsam und bewußt wieder auf den Boden ab . Der Arm sollte dabei immer gestreckt zur Decke gerichtet sein. Dann wiederholen Sie die Übung mit dem anderen Arm. Ziehen Sie den Arm zunächst nicht zu stark zur Decke. Es sollen sich wirklich nur Schulter und Schulterblatt vom

6

Boden abheben. Richten Sie Ihre Beachtung vor allem auf das Ablegen der Schulter und beobachten Sie, wie das Schulterblatt auf dem Boden liegt. Nach einigen Wiederholungen beginnen Sie, beide Arme gleichzeitig zur Decke zu ziehen. Legen Sie beide Schulterblätter und Schultern wieder genau so ab wie beschrie-

7

ben **7** . Die Arme zeigen immer noch gestreckt zur Decke. Wenn Sie die Schultern bewußt abgelegt haben, lassen Sie die Oberarme seitlich zum Boden absinken. Die Unterarme bleiben in der gleichen Ausrichtung wie bisher, also zur

22

Decke gerichtet ▪8▪ . Jetzt stehen oder balancieren die Unterarme in den Ellenbogengelenken. Nun lassen Sie auch die Unterarme und Hände zu Boden sinken.

Die Arme liegen jetzt aus den Schultern gestreckt genau 90 Grad zum Körper ▪9▪ . Beginnen Sie den Ablauf jetzt in umgekehrter Reihenfolge, also zuerst die Unterarme aufrichten, dann die Oberarme, schließlich beide gestreckten Arme zur Decke ziehen und Schulterblätter und Schultern vom Boden abheben. Wenn Sie das Ablegen der Arme einige Male wiederholt haben und sich entspannt und locker fühlen, können Sie das Zur-Decke-Ziehen der Arme verstärken. Legen Sie jetzt die Arme immer näher in Richtung Kopf ab ▪10▪ . Beachten Sie dabei, daß Ihr Rücken immer entspannt am Boden ruht. Wenn Sie die Unterarme in einem leichten Bogen nach oben, von den Schultern weg, ablegen, erreichen Sie eine optimale Öffnung des Brustkorbs.

Einfache Übung zur Entspannung des Nackens

Legen Sie sich auf den Rücken und stellen Sie die Beine an oder lassen Sie sie locker in Hockstellung über dem Bauch angezogen. Der ganze Rücken sollte in dieser Stellung entspannt auf dem Boden liegen. Rollen Sie leicht mit dem Kopf hin und her, ohne ihn vom Boden abzuheben. Schließen Sie dabei die Augen und fühlen Sie, ob die Gesichtsmuskeln, der Kiefer und die Zunge sich langsam entspannen. Beenden Sie das Rollen des Kopfes und versuchen Sie, die Seite Ihres Halses, die zum Boden zeigt, lang zu machen, so daß das Kinn leicht zum Brustkorb geneigt wird.

Schieben Sie nun beide Hände unter den Hals und von dort unter den Kopf und verschränken Sie die Finger so, daß der Hinterkopf wie in einer Schale liegt. Heben Sie jetzt mit den Händen Ihren Kopf ganz leicht hoch (ca. 1 cm) und ziehen den Hinterkopf vom Körper weg. Dadurch streckt sich die Halswirbelsäule. Schieben Sie nun die Hände in die gleiche Richtung weiter zwischen Kopf und Boden hindurch und lassen auf diese Weise den Kopf langsam wieder auf den Boden sinken. Wiederholen Sie diese Übung ein paamal.

Jetzt können Sie die Übung verstärken, indem Sie den Kopf vom Körper wegziehen und anschließend zum Brustkorb beugen **11** . Versuchen Sie, das ganze

11

Gewicht des Kopfes in die Hände zu legen und die Bewegung wirklich nur mit Händen und Armen auszuführen. Lassen Sie beim Heben des Kopfes auch Ihre Schultern locker. Dadurch bewegen sich die Ellenbogen zueinander und das Heben des Kopfes erfordert nicht so viel Kraft. Legen Sie den Kopf wieder behutsam zurück, indem Sie abschließend die Hände zwischen Kopf und Boden vom Körper wegschieben und den Kopf behutsam auf den Boden gleiten lassen. Schenken Sie diesem Vorgang besondere Aufmerksamkeit und versuchen Sie, sich dabei besonders zu entspannen. Atmen Sie bewußt und beachten Sie besonders das Ausatmen.

Heben Sie den Kopf nur so weit hoch und beugen ihn, solange Sie dies als angenehm empfinden. Sobald Sie Widerstand, ein unangenehmes Gefühl oder womöglich Schmerzen empfinden, sollten Sie weniger beugen oder ganz aufhören. Arbeiten Sie nicht mit sich, sondern genießen Sie. Kleine Bewegungen können den größeren Effekt haben. Gerade bei dieser Übung ist es unbedingt wichtig, sehr sorgsam mit sich umzugehen. Für ältere Menschen ist eine extreme Beugung der Halswirbelsäule nicht ratsam. Da auch bei dieser Übung eine große entspannende Wirkung durch das Ablegen des Kopfes erzeugt wird, ist es nicht notwendig, den Kopf extrem zu beugen. Wenn dies jedoch angenehm als empfunden wird, so kann durch kräftigeres Beugen des Kopfes eine Dehnung und Lockerung des Nackens bis hinunter zu dem Bereich zwischen den Schulterblättern stattfinden.

Diese Übung bzw. das Heben des Kopfes kann auch durch eine Partnerin geschehen. Diese nimmt dabei eine bequeme Haltung ein, so daß sie die Hände seitlich von den Schultern der Liegenden her unter den Hals schieben kann, und von hier aus unter den Kopf. Die Ausführende sollte die Übung so langsam wie möglich durchführen. Die Liegende sollte auf jeden Fall sagen, wenn sie etwas als unangenehm empfindet.

Ich möchte Ihnen aber raten, diese Übung in der Gruppe nur als Partnerübung durchzuführen, wenn Sie sicher sind, daß alle TeilnehmerInnen darin geübt sind, mit dem Körper eines anderen umzugehen. Wenn nicht sorgfältig genug gearbeitet wird, kann mehr Schaden als Nutzen entstehen.

Tanzen in der Gemeinschaft macht Spaß

Im afrikanischen Tanz bietet sich die Möglichkeit, sich intensiv mit sich selber zu beschäftigen, den eigenen Körper zu erkunden und die einzelnen Bewegungsabläufe ganz persönlich zu verfeinern oder zu verändern. Es ist außerdem möglich, den eigenen Gefühlszustand im Rahmen des vorgegebenen Bewegungsablaufes auszuleben oder, besser gesagt, "auszutanzen".

Hat die Tänzerin aber dies alles ausprobiert und erlebt, so erwacht langsam das Interesse für die Gruppe. Der Rhythmus als verbindendes Element zwischen Tänzer und Trommler wird auch als Verbindung zwischen den TänzerInnen empfunden. Das Tanzen bekommt dadurch einen weiteren Beweggrund: das gemeinschaftliche Erleben des Tanzes. Die Energie des Rhythmus, vor allem wenn live getrommelt wird, überträgt sich auf die ganze Gruppe. Von jeder einzelnen Tänzerin wird diese Energie jedoch auf ganz persönliche Weise umgesetzt. Die Unterschiede in der Ausführung und im tänzerischen Ausdruck haben viele Ursachen. Das unterschiedliche Leistungsniveau, die körperlichen bzw. anatomischen Möglichkeiten und die persönlichen Gefühle und Stimmungen spielen eine Rolle. Das bedeutet also, daß das Tanzen ein und derselben Bewegung bei jeder Tänzerin einer Gruppe anders aussieht. Es ist auch möglich, daß zwei TänzerInnen mit derselben Erfahrung und den gleichen körperlichen Möglichkeiten dieselbe Tanzbewegung völlig unterschiedlich ausführen. Die Annäherung an eine bestimmte Form oder die größtmögliche Steigerung extremer Körperhaltungen oder Bewegungen ist nicht das Bestreben oder das Ziel im afrikanischen Tanz, vor allem nicht im traditionellen. Dadurch ist eine genaue Bewertung nicht möglich. Dies wirkt sich außer den angeführten Aspekten auch sehr positiv auf die Tanzgemeinschaft aus. Jede Tänzerin mit ihrem persönlichen Stil sollte von der Gruppe anerkannt werden, und die Frage: Wer ist besser als...? dürfte sich unter den angeführten Gesichtspunkten erübrigen.

Das völlige Aufnehmen, das Verinnerlichen des Rhythmus' ist das Ausschlaggebende im afrikanischen Tanz. Wenn alle TeilnehmerInnen einer Tanzgruppe den Rhythmus mit ihrem Körper aufnehmen, in Bewegung umsetzen und die durch den Rhythmus vermittelte Energie spüren, wird sich die Gruppe als Einheit empfinden und auch dem Zuschauer bietet sich ein einheitliches Bild, obwohl jeder auf seine Art tanzt. Die Lebendigkeit und Lebensfreude, die der afrikanische Tanz vermittelt, wird ganz besonders im gemeinschaftlichen Tanzen gesteigert. Tanzen in der Gruppe macht einfach Spaß.

In Afrika war der Tanz schon immer ein gemeinschaftliches Ereignis. Geburt, Initiation, Hochzeit oder Tod bedeuten für den Betroffenen eine persönliche und für die ganze Gemeinschaft eine gesellschaftliche Veränderung. Diese wurde mit Hilfe aller Dorfbewohner durch die Austragung besonderer Zeremonien und Feste verarbeitet und neu geordnet, bei denen Tanz und Musik eine wichtige Rolle spielten. Der Tanz stärkt die Gemeinschaft und gleichermaßen jeden einzelnen.

Es erstaunt mich immer wieder, daß auch wir europäischen TänzerInnen ein so starkes Gemeinschaftsgefühl durch den afrikanischen Tanz erhalten, obwohl wir weder theoretisch noch praktisch einen Bezug zu den Ursprüngen herstellen können. Allein durch das Tanzen, das eine Einheit mit dem Trommelschlag darstellt, entsteht dieses Gefühl.

Obwohl sich das Gruppengefühl durch das Tanzen von selbst einstellen kann, halte ich es trotzdem für ratsam, durch bestimmte Aufwärmübungen die Entstehung dieses Tanzgefühls zu unterstützen. Übungen oder Spiele, welche die Gruppendynamik fördern, machen immer wieder viel Freude, auch wenn sich die TeilnehmerInnen schon kennen oder schon oft zusammen getanzt haben und diese "Gruppenpower" schon erlebt haben.

Für TänzerInnen, die es nur gewohnt sind, für sich zu arbeiten, die unter Umständen nur auf sich und ihr Spiegelbild als Kontrolle fixiert sind, ist es besonders hilfreich, einen Kontakt zum Raum und zu den Menschen zu schaffen, die sich im selben Raum bewegen. Besteht die Tanzgruppe aus TeilnehmerInnen, die sich überhaupt nicht kennen, ist es ebenso zu empfehlen, schon zu Beginn einen Kontakt zu schaffen und so das Entstehen des gemeinsamen Erlebnisses zu unterstützen.

Beim Tanzen selbst kann auch eine Aufstellung, die einen Blickkontakt zu einer oder mehreren PartnerInnen ermöglicht, das gemeinschaftliche Tanzgefühl fördern.

Den Raum verkleinern

Wer Lust hat, die Unterrichtsstunde und das Aufwärmen mit Laufen zu beginnen, der kann diese Übung gut daran anschließen.

Die Aufgabe ist folgende: Während die Gruppe kreuz und quer durch den Raum läuft, beginnt die Leiterin durch Anzeigen mit den Armen den Raum, der zum Laufen benützt werden darf, allmählich zu begrenzen. Das geht einfach und deutlich, wenn Sie von einer Ecke aus gehen und parallel zu den daran angrenzenden Wänden die Arme rechtwinklig ausbreiten. Verringern Sie die Aktionsfläche langsam, so daß die TeilnehmerInnen genügend Zeit haben, sich darauf einzustellen. Die Laufenden sollten ihren Rhythmus bzw. ihr Lauftempo nicht verändern. Dies kann durch eine Rhythmus- oder Musikvorgabe unterstützt werden. Selbstverständlich sollen Zusammenstöße vermieden werden. Je kleiner der Raum wird, desto größer muß die Aufmerksamkeit und Reaktionsfähigkeit der TeilnehmerInnen werden. Es ist erstaunlich, auf welch kleinem Raum sich eine Gruppe mit dennoch großer Dynamik bewegen kann, ohne daß Zusammenstöße oder Berührungen geschehen.

Bei dieser Übung, ich sage auch gerne Spiel dazu, wird die eigene Körperwahrnehmung in gleichem Maße verbessert wie die Beachtung der anderen TeilnehmerInnen. Das eigene Tempo und die Benützung des sich ständig verändernden Raumes ist ebenso wichtig wie die anderen TeilnehmerInnen, die diese Veränderungen hervorrufen. Außerdem kommt dabei der Kreislauf in Schwung, die Reaktionsfähigkeit wird geschult und der Erwärmungseffekt für den gesamten Körper ist sehr groß. Und schließlich kommen die TeilnehmerInnen in einen intensiven Kontakt miteinander, ohne sich direkt zu berühren. Das kommt besonders den TeilnehmernInnen entgegen, die nicht so gerne Körperkontakt mit anderen aufnehmen.

Augen-Kontakt

Wie die Übung *"Den-Raum-Verkleinern"* ist auch diese Übung für Leute gut geeignet, die gerne laufen. Die TeilnehmerInnen teilen sich in zwei gleich große Gruppen auf. Jede Gruppe bildet eine Reihe. Beide Reihen stellen sich in reichlichem Abstand gegenüber. Jede Teilnehmerin soll nun versuchen, durch sparsame Gesichtsmimik einer Gegenüberstehenden anzuzeigen, daß sie mit ihr dem Platz wechseln möchte. Der Platzwechsel kann durch zügiges Laufen ausgeführt werden. Kaum hat jede ihren neuen Platz erreicht, wird zu einem neuen Wechsel aufgefordert. Damit alle in Bewegung bleiben, sollte auch am Platz auf der Stelle gelaufen werden, bis der neue Wechsel erfolgt. Wenn dieses "Spiel" zu flotter Laufmusik abläuft, fällt es leichter, sich auch am Platz im gleichen Rhythmus zu bewegen.

Bei dieser Übung wird üblicherweise viel gelacht, vor allem, wenn es Unklarheiten oder falsche Reaktionen gibt oder die bzw. der Auserwählte einfach nicht kapieren will. Das gehört dazu und macht diese Übung gerade zu einer heiteren Begegnung mit allen anderen Gruppenmitgliedern. Wenn eine Teilnehmerin schlecht sieht, wird Sie es spätestens jetzt feststellen, und Leute, die ihre Brille zum Tanzen abnehmen, sollten sie wenigstens für diese Übung nochmal aufsetzen.

Tempo-Bestimmen

Alle TeilnehmerInnen gehen durch den Raum. Finden Sie heraus, welches Tempo Ihnen am meisten Spaß macht oder welche Art und Weise zu gehen Ihrem Gefühlszustand entspricht. Haben Sie viel Energie oder sind Sie müde? Konzentrieren Sie sich beim Gehen ganz auf sich und Ihre Wege im Raum. Richten Sie den Blick in die Richtung, in die Sie gehen. Trotzdem sollten Sie die anderen Personen im Raum nicht außer acht lassen. Versuchen Sie, die an Ihnen vorbeigehenden TeilnehmerInnen auch noch an der Peripherie Ihres Gesichtskreises wahrzunehmen. Obwohl Sie geradeaus schauen und Ihre ganze Aufmerksamkeit auf Ihren Körper gerichtet ist, werden Sie visuelle Veränderungen feststellen, die sich links und rechts von Ihnen ereignen.

Nun kann irgendeine Teilnehmerin beginnen, das Geh-Tempo langsam zu steigern, bis es ins Laufen übergeht. Sobald andere TeilnehmerInnen dies feststellen, beginnen sie ebenfalls, das Tempo bis zum Laufen zu steigern und irgendwann laufen alle TeilnehmerInnen. Nun kann jemand beginnen, das Tempo wieder zu verringern und schließlich wieder zu gehen, und allmählich wird die ganze Gruppe wieder zum Gehen kommen. Und schon kann wieder jemand beginnen, das Tempo zu steigern. So wird sich die Tempozunahme und -abnahme wie eine Welle, die sich immer wiederholt, durch die Gruppe bewegen.

Während dieser Tempoveränderungen sollten Sie versuchen, die beschriebene Aufmerksamkeit für sich selbst zu behalten und trotzdem das Geschehen im Raum wahrzunehmen. Versuchen Sie also nicht, ständig herumzuschauen, um festzustellen, wer jetzt sich schneller zu bewegen beginnt. Es kommt nicht darauf an, die Veränderung des Tempos eines Teilnehmers möglichst schnell auf die ganze Gruppe zu übertragen. Sie werden sowieso erstaunt sein, wie unmerklich und doch schnell das geht.

Die beschriebene Ausführung dieses Spieles *"Tempo-Bestimmen"* ist der Grundstock für unzählige Varianten. Es kann zur Aufgabe gemacht werden, das Tempo möglichst langsam zu steigern, so langsam, daß während des Steigerns immer wieder wechselnde TeilnehmerInnen den Verlauf bestimmen.

Eine andere Möglichkeit ist es, ein immer wieder anderes Höchsttempo zu erreichen. Das bedeutet, daß die ganze Gruppe einmal das Ende der Temposteigerung schon erreicht hat, wenn alle in ein gemütliches Joggingtempo gefallen sind oder das Höchsttempo ist erst erreicht, wenn alle Teilnehmer so schnell wie möglich laufen. Unter Umständen geschieht dies auch von alleine, ohne daß vorher auf diese Variante aufmerksam gemacht wurde.

Da große rhythmische und dynamische Schwankungen den Verlauf dieses Spiels bestimmen, kann es nur ohne Musik ausgeführt werden. Es wäre auch sehr schade, die im Raum entstehenden Geräusche zu überdecken, denn auch sie sind eine wichtige Orientierungshilfe. Durch das Tappen der Füße auf dem Boden entsteht gleichzeitig mit der Bewegung der Rhythmus, den die ganze Gruppe irgendwann übernimmt und dann gemeinsam erzeugt. Die Gruppe macht ihre eigene Musik.

Die Körpermitte zu spüren macht das Tanzen leicht

Bei den Entspannungsübungen habe ich dem Boden schon eine wichtige Bedeutung zugemessen, da er im afrikanischen Tanz auf vielerlei Weise Einfluß nimmt. Tanztechnisch gesehen spielt die intensive Beziehung zwischen Körpermitte und Boden über die Längsachse des Körpers eine zentrale Rolle.

Ganz allgemein betrachtet ist der Bauch die Körpermitte. Oft wird auch der Bauchnabel, oder die Stelle, die sich eine Handbreit unter dem Bauchnabel befindet, als Körpermitte bezeichnet. Ich selbst halte eine genaue, allgemeingültige Definition nicht für wichtig. Jeder sollte selbst ausprobieren und fühlen, wo genau die Mitte ist oder ob es überhaupt so wichtig ist, dies ganz genau zu wissen. Auf jeden Fall sollte die Körpermitte nicht nur an der Oberfläche, also auf der Haut, sondern auch im Bauch erspürt werden. Ich stelle immer wieder fest, daß gerade der Bauch und der Bauchraum mit seinen Organen eine Körperregion ist, die nicht besonders bewußt gespürt wird. Meist beschränken sich die

Bewegungsmöglichkeiten dieser Körperregion auf das "Baucheinziehen", was auch mit "Bauch entfernen" gedeutet werden kann. Nicht wenige TänzerInnen betrachten ihren Bauch kritisch oder würden ihn am liebsten übersehen. In der afrikanischen Tanztechnik spielt der Bauch jedoch eine wichtige Rolle. Wesentlich weniger wichtig, besser gesagt überhaupt nicht wichtig ist es, ob er flach oder rund oder sonst irgendwie ist. Das Ausschlaggebende ist, daß wir den Bauch, also unsere Körpermitte, spüren. Dies ist die Voraussetzung für die Verbindung von Körpermitte und Boden.

Ein gutes Gefühl für die Körpermitte ist ebenso Bedingung für die Wellenbewegung und das dadurch entstehende Pulsieren, das von der Körpermitte ausgeht und sich über die Wirbelsäule bis zum Kopf und Becken in unterschiedlichem Maße fortsetzt. Dies ist die Antriebsachse im afrikanischen Tanz.

Bei vielen afrikanischen Tanzbewegungen geht die Betonung in Richtung Boden, oder gleichzeitig nach unten und oben. In diesem Fall ist die Beziehung zum Boden dann auch sichtbar. Werden zum Beispiel starke Schulter- oder Armbewegungen getanzt und der Rest des Körpers scheint unbeteiligt, so sind es gerade diese Bewegungsabläufe, die einen besonders starken inneren Bezug zum Boden erfordern. Eine gute Verbindung von Körpermitte und Boden erleichtert außerdem das Tanzen der isolierten Bewegungen und der schnellen Bein- oder Armbewegungen.

Daß diese Verbindung einfach durch das Tanzen selbst entstehen kann, habe ich ausführlich in *Tanzen zwischen Himmel und Erde* erläutert. Es ist aber trotzdem sehr hilfreich und erleichtert gerade AnfängerInnen den Einstieg, wenn beim Aufwärmen die Entstehung dieses Bewußtseins für die Körpermitte und deren Bezug zum Boden vorbereitet wird.

Taumeln

Gehen Sie zügig durch den Raum und denken Sie daran, locker und aufgerichtet zu gehen. Beginnen Sie während des Gehens Ihren Kopf etwas nach vorne zu beugen und richten Sie sich nach ein paar Schritten wieder auf. Beobachten Sie, wie sich dies auf das Gehen auswirkt. Nun können Sie immer stärker mit dem Gewicht Ihres ganzen Oberkörpers spielen. Beugen Sie sich immer wieder während des Gehens nach vorne und richten Sie sich wieder auf. Unterbrechen Sie das Gehen nicht und beeinflussen Sie es nur, indem Sie einen Teil Ihres Körpergewichtes aus der Längsachse bringen und anschließend wieder über Ihre Körpermitte. Die Beschleunigung wird besonders dann erreicht, wenn Sie den Oberkörper mit geradem Rücken nach vorne beugen. Auch wenn es hauptsächlich Spaß macht, nach vorne zu sausen, so vergessen Sie nicht, den Moment besonders zu beachten, wenn Sie das Gewicht des Oberkörpers wieder über die Körpermitte bringen und dadurch das Tempo wieder abfangen und sich wieder ins Gleichgewicht bringen.

Es macht auch großen Spaß, Kurven und Kreise zu gehen oder zu laufen und dabei den Oberkörper zur Mitte des Kreises zu neigen. Ich finde jedoch, daß das Aufrichten über die Körpermitte beim Geradeaus-Gehen besser gefühlt werden kann, und gerade das macht den Trainingseffekt dieser Übung aus.

Die Körperwelle

Stehen Sie hüftbreit und parallel mit leicht gebeugten Knien. Die Füße haben einen guten Kontakt zum Boden. Federn Sie in gleichbleibendem Rhythmus in den Knien und fühlen Sie, wie durch das Federn Ihr Gewicht von der Körpermitte durch den Körper genau senkrecht in Richtung Boden geht. Bewegen Sie sich sehr wenig auf und ab. Es ist nicht notwendig, die Beine jedesmal ganz zu strecken. Drücken Sie die Knie nur so weit durch, daß Sie wieder die Möglichkeit haben, Ihr Gewicht absinken zu lassen. Die Betonung des Federns geht also nach unten zum Boden. Beachten Sie auch, daß die Füße einen immer gleichbleibenden Kontakt zum Boden behalten.

Wenn Sie Ihren Rhythmus gefunden haben und diesen auch über längere Zeit halten können und das Federn allmählich wie von selbst geht, beginnen Sie ganz vorsichtig, den Bauch im Rhythmus vor und zurück zu bewegen. Beim Federn nach unten den Bauch nach vorne schieben **12** , beim nächsten Federn nach unten den Bauch nach hinten schieben **13** . Die Bewegung des Bauches ist ein Lockerlassen-und-wieder-Ein-

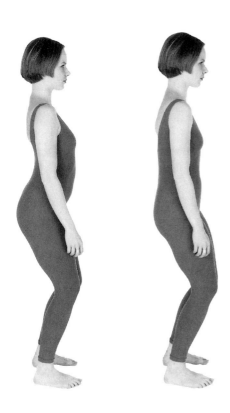

12   **13**

31

ziehen, durch das auch die Wirbelsäule in Schwingung gerät. Das Federn des Bauches nach vorne und hinten ist genauso leicht und locker wie das Federn der Knie und des Körpers nach oben und unten. Sie werden beobachten, daß das Federn zum Boden beim Lockerlassen des Bauches stärker ist. Lassen Sie sich also für diesen Moment etwas mehr Zeit.

Die Bewegung des Bauches unterscheidet sich deutlich von der *Contract-Release-Bewegung* aus der *Modern-Dance-Technik*, bei der Bauch und Rücken durch bewußte Muskelarbeit unter Umständen auch extrem bewegt werden. Dies sollten Sie bei der Körperwelle während des Aufwärmens und auch beim Tanzen auf jeden Fall vermeiden. Besonders wenn sehr schnell und schwungvoll getanzt wird, können starke oder extreme Bewegungen des Rückgrats nicht mehr genügend kontrolliert werden, und es entstehen Verletzungen und Rückenschmerzen. Arbeiten Sie also nicht an dieser Wellenbewegung, sondern lassen Sie den Körper von alleine schwingen und pulsieren.

Wenn Sie sich im Ablauf und Rhythmus sicher fühlen, können Sie beginnen, in ganz kleinen Schritten vorwärts zu gehen. Beachten Sie: Fuß abheben und gleichzeitig Bauch einziehen, Fuß aufsetzen und gleichzeitig Bauch locker lassen. Wie Sie wahrscheinlich schon bemerkt haben, genießen Sie eher das Lockerlassen des Bauches. Nehmen Sie sich für diesen Moment ruhig etwas mehr Zeit. Durch diese zeitliche Betonung, die gleichzeitig mit dem Aufsetzen des Fußes verläuft, entsteht der für den afrikanischen Tanz typische Akzent zum Boden.
Durch das Gehen wird sich das Federn etwas reduzieren, versuchen Sie trotzdem, es beizubehalten. Die Beine bleiben somit immer etwas gebeugt und die Füße setzen mit der ganzen Sohle gleichzeitig auf. Auch wenn Sie jetzt gehen, sollten Sie sich nicht zu sehr auf Ihre Schritte konzentrieren, sondern Ihre Beachtung weiterhin dem Pulsieren des Bauches widmen und diese Bewegung und den dadurch entstehenden Rhythmus vor allem genießen. Dadurch wird die Atmung gleichmäßig fließen. Versuchen Sie, beim Bauch-Einziehen und Fuß-Abheben auszuatmen und beim Bauch-Lockerlassen und Fuß-Aufsetzen einzuatmen.
Nehmen Sie sich für diese Entwicklung bis zum Gehen viel Zeit. Üben Sie zunächst ohne Musik oder rhythmische Vorgabe.

Es ist ratsam, diese Übung auch in der Gruppe ohne rhythmische Vorgabe durchzuführen. Es besteht zwar die Schwierigkeit, sich nicht von TeilnehmerInnen ablenken zu lassen, die sich in einem anderen Rhythmus bewegen. In einer solchen Situation den eigenen Rhythmus zu behalten, ist wirklich nicht einfach. Aber gerade die Konfrontation damit zeigt den einzelnen TeilnehmerInnen, wie stark sie sich auf sich selbst konzentrieren müssen.

Eine Fortführung dieser Übung finden Sie unter dem Themenkreis *"Rhythmus"*. Dabei kommt dann natürlich auch ein vorgegebener Rhythmus und die Musik ins Spiel.

Diese Übungsfolge verbessert das Körpergefühl für die Körpermitte und läßt gleichzeitig einen eigenen Rhythmus entstehen. Außerdem entwickeln Sie damit die tiefe, erdbezogene Grundhaltung, aus der auch die Kollaps-Haltung mit stark vorgebeugtem Oberkörper entstehen kann. Gemeinsam mit der gelösten Grundhaltung üben Sie die Körperwelle, welche die Grundmotion für viele afrikanische Tanzbewegungen ist. Diese Grundmotion setzt sich von der Körpermitte aus im ganzen Körper fort, über das Becken bis in die Beine und über Brustkorb und Schultern in die Arme und schließlich über die Halswirbel in den Kopf.
Eine für Anfänger geeignete Beschreibung der afrikanischen Tanztechnik finden Sie im Buch *"Tanzen zwischen Himmel und Erde"*, in dem auch die einfachen Tänze, die besonders für Anfänger gut geeignet sind, ausführlich beschrieben werden.

Die Körpermitte und was sonst noch geschieht

Wenn über die Besonderheiten des afrikanischen Tanzes gesprochen wird bzw. über die Faktoren, die den hauptsächlichen Unterschied zu anderen, insbesondere europäischen Tanzstilen, darstellen, so kommen dabei immer die tanztechnischen Begriffe Isolation und Polyzentrik zur Sprache. Und gerade damit haben TanzanfängerInnen oft besondere Schwierigkeiten. Deshalb möchte ich darauf etwas ausführlicher eingehen.
Isolierte Bewegungen sind Bewegungen einzelner Körperteile, zum Beispiel Kopf, Arme, Hände oder Beine, die nicht durch den Impuls aus der Körpermitte entstehen, sondern die eine eigene Dynamik besitzen. Das heißt, beim Tanzen ist ein Bewußtsein für unterschiedliche Motionen notwendig. Es müssen sozusagen verschiedene Bereiche angesteuert und in Bewegung gebracht werden. Es entstehen zwei oder mehr Bewegungszentren. Deshalb nennt sich dieses Prinzip Polyzentrik. Es entspricht in gewisser Weise der Polymetrik, bei der das gleiche Prinzip in bezug auf den Rhythmus besteht. Hierbei laufen in einem sich wiederholenden, gleichen Zeitabschnitt unterschiedliche Rhythmen gleichzeitig ab. Im Kapitel *Rhythmus und Trommeln* wird genauer darauf eingegangen. Dies ist alles trockene Theorie und ich möchte mich nicht länger damit aufhalten, da es in der Fachliteratur ausführliche Beiträge dazu gibt, und außerdem zu viel Systematisierung und Theorie fürs eigentliche Tanzen nicht allzu hilfreich ist,

vor allem, wenn aufgrund solcher Theorie Rückschlüsse auf das Tanzgefühl gezogen werden, das sicherlich von jedem Tanzenden, egal welcher Hautfarbe und Abstammung, unterschiedlich erlebt wird. Daher halte ich auch nicht viel davon, wenn solche Beschreibungen des Tanzgefühls als Unterstützung im Unterricht verwendet werden, wie sie zum Beispiel in dem Standardwerk über Jazz-Tanz von Helmut Günther beschrieben sind. "Daher bezeichnen wir das der Isolationstechnik zugrundeliegende afrikanische Körpererlebnis und Bewegungsgesetz als Polyzentrik. Das bedeutet, daß der afrikanische Tänzer seinen Körper und damit sich selbst nicht als Einheit erlebt, sondern daß er diesen seinen Körper sprengt und zerreißt." [8] Diese Behauptung hört sich geradezu brutal an und ich habe bis jetzt niemanden finden können, weder mit schwarzer noch weißer Hautfarbe, der mir bestätigen konnte, beim Tanzen ein solches Gefühl zu spüren.

Es erscheint mir eher sinnvoll, die Wahrnehmung für den eigenen Körper bzw. die Körperwahrnehmung der TanzschülerInnen zu wecken und zu intensivieren, damit mit diesen für einen Tanzanfänger ungewöhnlichen Bewegungsprinzipien bewußter und vor allem entspannter umgegangen werden kann. Gerade beim Üben und Tanzen von Abläufen mit isolierten Bewegungen kommt es oft zu Koordinationsschwierigkeiten. Diese führen meist zu einer Unruhe und Angespanntheit, und wenn dieser Zustand dann länger andauert und die Schülerin kommt in den Bewegungsablauf einfach nicht hinein, wird die Anspannung so groß, daß es immer schwieriger wird, den Ablauf aufzunehmen, und spätestens jetzt tritt der große Frust ein. Ein wacher, aber entspannter Körper ist also auf jeden Fall eine gute Ausgangssituation.
Die folgende Übung läßt diesen Zustand unter besonderer Berücksichtigung unterschiedlicher Bewegungszentren entstehen.

»Shake down«

Diese Übung wurde von Nancy Stark-Smith entwickelt und nicht speziell als Vorbereitung für den afrikanischen Tanz konzipiert. Nancy Stark-Smith hat die Entwicklung des in USA entstandenen Tanzstiles *Contact Improvisation* weitgehend beeinflußt und im Bereich Körperwahrnehmung viele neue Möglichkeiten eröffnet.
"Shake down" ist eine sehr wertvolle Übung, weil sie viele Geschehnisse im Körper auf einfache Weise spürbar macht und daher auch unter den unterschiedlichsten Aspekten eingesetzt werden kann. Die auf der Basis dieser Übung entstandenen Varianten sind speziell als Vorbereitung für den afrikanischen Tanz entwickelt worden.

Legen Sie sich auf den Rücken und versuchen Sie, den Körper so schwer wie möglich auf den Boden abzulegen, eine möglichst große Auflagefläche zu schaffen. Machen Sie sich breit und lang. Überprüfen Sie noch einmal, ob alle Körperteile, auch das Gesicht, entspannt sind. Jetzt fühlen Sie sich sicher sehr wohl und bequem. Stellen Sie sich nun einen Energieball vor, der sich von oben herab auf ihre Füße zu bewegt. Dieser Energieball teilt sich kurz über ihren Füßen in zwei Teile und dringt jetzt an den Zehenspitzen in den Körper ein. Dadurch beginnen die Zehen, sich zu bewegen. Das Zentrum der Energie ist jetzt in den Zehen, die Sie mehr oder weniger stark bewegen können, je nach Ihrem Bedürfnis. Bewegen Sie wirklich nur die Zehen. Da der Fuß bzw. das Fußgelenk und der übrige Körper völlig entspannt sind, kann es sein, daß sich die Bewegung der Zehen in anderen Körperteilen bemerkbar macht. Lassen Sie dies geschehen und beobachten Sie genau. Nun wandern die zwei Energiebälle weiter zu den Fußgelenken und Sie beginnen, nur die Fußgelenke zu bewegen. Die Energie und somit das Bewegungszentrum wandert also von den Zehen weg, die jetzt wieder ganz entspannt sind, und beginnt, in den Fußgelenken tätig zu werden. Bewegen Sie jetzt die Fußgelenke nach Lust und Laune und beachten Sie immer, daß der übrige Körper völlig entspannt ist, so daß es möglich wäre, daß sich die Bewegung auf irgendeine Weise auf andere Körperteile überträgt. Nun wandern die beiden Energiebälle langsam aus den Fußgelenken hinauf durch die Waden in die Knie. Die Bewegungsmöglichkeiten sind jetzt größer. Um so mehr sollten Sie sich wirklich nur auf die Bewegung der Knie konzentrieren und immer wieder prüfen, ob Sie nicht doch andere Körperteile wie zum Beispiel das Hüftgelenk an der Bewegung beteiligen. Versuchen Sie, dies auszuschalten. Jetzt bewegen sich die Energiebälle langsam durch die Oberschenkel in die Hüftgelenke. Dann vereinigen sie sich wieder zu einem großen Ball und beginnen, das ganze Becken in Bewegung zu versetzen. Lassen Sie nun die Bewegung des Beckens langsam abklingen und wandern Sie mit Ihrer Aufmerksamkeit in den Bauch. Bewegen Sie nicht nur die Bauchdecke, sondern den ganzen Bauchraum, in dem sich viele Organe befinden und beobachten Sie, ob die Atmung dabei auch eine Rolle spielt. Vom Bauch weg bewegt sich der Energieball nun in den Brustkorb und dann in die Schultern. Hier können sich starke Bewegungen besonders in die entspannten, am Boden liegenden Arme fortsetzen. Dann fließt das Bewegungszentrum durch den Hals in den Kopf. Nachdem der Energieball nun den ganzen Körper durchwandert hat, verläßt er den Kopf durch die Schädeldecke und entfernt sich vom Körper hinaus in den Raum. Bleiben Sie noch eine Weile liegen und genießen Sie die Auswirkungen dieser Übung. Falls Sie anschließend Ihre Position ändern oder aufstehen, beobachten Sie noch eine Weile Ihr Gefühl und Ihren Körper.

Vielleicht ist es für Sie ungewohnt, Bewegung mit bildlicher Vorstellung zu verbinden, und jetzt erscheint hier auch noch ein Energieball, von dem es nicht einmal eine konkrete Vorstellung gibt. Sie können die Übung auch ohne die Vorstellung des Energieballes machen, das geht selbstverständlich, und die vorbereitende Wirkung für den afrikanischen Tanz geht dabei auf keinen Fall verloren. Aber mit dem Energieball, wie auch immer er aussehen mag, läßt sich die Übung leichter und entspannter durchführen, und jeder erlebt mit sich und seinem Körper seine eigenen Überraschungen.

Wenn den SchülerInnen diese Übung bzw. der Umgang damit vertraut ist, kann diese im Hinblick auf die unterschiedlichen Bewegungszentren im afrikanischen Tanz erweitert werden. Es ist jedoch ratsam, die Übung immer erst so durchzuführen, wie es oben beschrieben ist, und dann erst die im folgenden besprochenen Möglichkeiten auszuprobieren.

Suchen Sie sich einen Körperteil aus, der beim *"Shake down"* mit Hilfe der Vorstellung des Energieballs zum Bewegungszentrum wurde. Beginnen Sie noch einmal, diesen Bereich zu bewegen. Jetzt wählen Sie einen zweiten Körperteil aus und beginnen, durch Bewegen auch diesen zu einem Energiezentrum werden zu lassen. Bei diesem Übungsabschnitt können auch die Arme, Ellenbogen, Handgelenke und Finger zum Einsatz kommen. Sie wurden, wie Sie sicherlich bemerkt haben, bisher nicht mit einbezogen. Es könnten sich dann zum Beispiel beide Fußgelenke und der Kopf gleichzeitig oder das Becken zusammen mit den Händen bewegen.

Eine weitere Variante: eine Person aus der Gruppe bestimmt, welche Körperteile gleichzeitig bewegt werden sollen. Mit mehr als zwei Bewegungszentren zu arbeiten wird sehr schwierig, und es ist ratsam, dies als Experiment anzukündigen.

Eine zusätzliche Erschwernis dieser Übung kann folgendes sein: nur rechtes Fußgelenk und beide Schultern oder nur linker Ellenbogen und das Becken. Achten Sie immer darauf, daß alle nicht beteiligten Körperteile und Regionen wirklich unbeteiligt und entspannt sind. Es ist vor allem mit AnfängerInnen nicht dringend notwendig, solche extremen Bewegungsabläufe zu üben, aber es kann viel Spaß machen, auszuprobieren, wo die Grenzen des Möglichen sind.

Tanzbewegungen, bei denen drei Bewegungszentren vorhanden sind, kommen in den beschriebenen Choreographien selten vor. Oft scheinen bestimmte Bewegungen zunächst isolierte Bewegungen zu sein. Erst beim genauen Ausprobieren und Tanzen wird klar, daß sie aus dem Impuls der Körperwelle entstehen. Dieses Bewußtsein erleichtert oft das Ausführen und Tanzen.

Das *"Shake down"* eignet sich nicht nur gut zum Aufwärmen und als Vorbereitung auf die isolierten Bewegungen, sondern kann auch zum Abkühlen und Ausklingen-Lassen einer Bewegungsphase eingesetzt werden. Der afrikanische Tanz ist sehr bewegungsintensiv, und besonders geübte TänzerInnen, die beim

Tanzen nicht mehr an Schrittfolgen und Bewegungsabläufe denken müssen, tanzen über lange Zeit mit viel Freude, jedoch auch mit viel körperlichem Einsatz. Es wird ganz schön "gepowert". Besonders in diesem Fall ist ein Abkühlen oder "Warm down" sehr sinnvoll. Hier leistet diese Übung, kombiniert mit leichten Dehnungsübungen, gute Dienste. Der Vorteil des "Shake down" besteht generell darin, daß jeder Teilnehmer die Übung mit der seiner Situation angemessenen Bewegungsaktivität ausführen kann.

Schütteln

Stehen Sie entspannt und vielleicht etwas breiter als hüftbreit auf beiden Beinen. Nun verlagern Sie sich im Stehen auf eine Seite und beugen dabei den Oberkörper zur Seite oder nach vorne, so daß Ihr Arm frei und locker direkt in Richtung Boden hängt. Versuchen Sie, die Schwerkraft zu fühlen, die auf Ihren Arm wirkt. Nun beginnen Sie vorsichtig, den ganzen Arm aus der Schulter heraus zu schütteln. Wenn Sie das Gefühl haben, daß der Arm sehr entspannt ist, steigern Sie das Schütteln. Sie sollten den Arm auf keinen Fall schlagen oder schwingen, sondern in sich vibrieren lassen. Verlieren Sie nie das Gefühl der Schwerkraft im Arm.
Führen Sie die gleiche Übung auch mit dem anderen Arm und mit den Beinen durch. Beim Schütteln und Vibrieren der Beine ist es hilfreich, sich irgendwo abzustützen (Wand, Fensterbrett, Partner).

Diese Übung erzeugt eine gute Erwärmung und Lockerung der Gliedmaßen. Gleichzeitig entsteht in den Armen und Beinen ein anderes Körpergefühl als in Rumpf und Kopf. Dieser Zustand kann dem Tanzgefühl bei sehr aktiven, isolierten Bewegungen gleichgesetzt werden. Das Körpergefühl während dieses Schüttelns entspricht auch einer typischen afrikanischen Tanzbewegung, die im Jazz-Dance auch als "Shimmy" bekannt ist. Es ist ein Vibrieren, das sich allerdings nicht in den Gliedmaßen, sondern im Rumpf abspielt, entweder in den Schultern und der Brust oder in Becken und Po. Dieses Vibrieren verlangt eine hohe Fähigkeit zur Isolation und ist schwer zu beschreiben. Es ist daher in keiner der beschriebenen Choreographien enthalten.

Im folgenden Kapitel unter dem Thema Rhythmus werden Bewegungsabläufe beschrieben, die schon leicht nachvollziehbare isolierte Bewegungen enthalten und die parallel mit dem Einfinden in den Rhythmus auch als Vorübung für schwierigere, isolierte Bewegungen dienen, die in den beschriebenen Choreographien von Cheikh vorkommen.

Am Puls des Lebendigen

Der Boden, die Erde, die Muttererde wird in der afrikanischen Mythologie in Verbindung mit dem Wasser als die Grundlage allen Lebens betrachtet. Im afrikanischen Tanz kommt dies durch die Erdverbundenheit zum Ausdruck, die sich in der Tanztechnik manifestiert.

Die Energiequelle des Tanzes selbst ist jedoch der Rhythmus. Die durch den Trommelschlag erzeugten Schwingungen treten in Einklang mit dem Pulsieren des Körpers. Trommler und TänzerInnen befinden sich durch einen ständigen Energieaustausch in enger Verbindung. In diesem Zustand können Tänzer und Musiker ungeahnte Leistungen vollbringen und die ganze Nacht durchtanzen.

Rhythmus bedeutet auch Wiederholung. Dies bezieht sich im afrikanischen Tanz nicht nur auf die Musik, sondern auch auf die Tanzbewegungen. Im traditionellen Tanz kann ein und derselbe Bewegungsablauf über einen bestimmten Zeitraum getanzt werden. Auf Festen oder bei Zeremonien wird oft den ganzen Abend nur ein Rhythmus gespielt und eine Bewegung getanzt.

Dies hat viele Gründe, einer davon ist: Trommler und Tänzer benötigen Zeit für das Einfinden in den Rhythmus. Der Einklang von Trommel, Trommler und Tänzer und das Entstehen des Energieaustausches entsteht nicht sofort, sondern entwickelt sich allmählich.

Traditionelle Tänze und auch die im folgenden beschriebenen Choreographien von Cheikh geben deshalb die Möglichkeit, jeden in sich abgeschlossenen Bewegungsablauf so lange wie nötig oder möglich oder gewünscht zu tanzen. Der Wechsel zur nächsten Bewegung wird den Tänzern durch den Trommelruf angesagt und fügt sich nahtlos an. Durch das Wiederholen einer Tanzbewegung über einen langen Zeitraum wird der Bewegungsablauf von den Tanzenden vollkommen aufgenommen. Sie tanzen, ohne an Schrittfolgen und Koordination zu denken. Jetzt entsteht auch der persönliche tänzerische Ausdruck. Bewegung, Atmung und Trommelschlag werden zu einer Einheit, die in der Höchstform als Trance bezeichnet wird.

Das Wiederholen dient also nicht der Perfektionierung, wie dies bei westlichen Tanzstilen der Fall ist. Im *klassischen Tanz* oder *Modern Dance* soll eine bis ins kleinste Detail vorgegebene Bewegung durch das wiederholte Üben so perfekt und genau wie möglich nachgetanzt werden. Auch der vollkommene Ausdruck der Bewegung wird durch möglichst perfektes Kopieren der Vorgabe angestrebt. Im afrikanischen Tanz dient das Wiederholen eher dem Erspüren des Rhythmus, dem vollkommenen Übernehmen der Schritt- und Bewegungsfolge und dem Ausschalten des Kopfes. Dies bedeutet jedoch nicht, wie immer noch häufig angenommen wird, daß der afrikanische Tanz ein wildes Gehopse ohne Sinn und Ordnung ist. Der Rhythmus fordert von Trommler und Tänzer die höchste

Perfektion. Dies zeigt sich besonders in den polymetrischen Rhythmen und den ihnen zugeordneten Tanzbewegungen, die sich meist aus mehreren isolierten Bewegungen gestalten. Rein theoretisch ausgedrückt, bewegen sich zum Beispiel die Beine nach dem Rhythmus der *Djembe*, die Arme nach dem Spiel der *Dung Dung* und so weiter. Aufgrund einer solch theoretischen Beschreibung entsteht der Eindruck, daß die unterschiedlichen Rhythmen und Bewegungen bewußt koordiniert werden. Wer afrikanisch tanzt, kann dies nicht bestätigen. Das Ineinandergreifen der verschiedenen Rhythmen und das Ausführen von Bewegungen mit unterschiedlicher Dynamik ist ein so vielschichtiger Komplex, daß nur das Wiederholen und das Erspüren für Rhythmus, Atmung und Körper den Tanz zum Leben erwecken. Es ist also zu raten: wenig Theorie und dafür viel Zeit für den Rhythmus und tanzen, tanzen, tanzen.

Trotzdem möchte ich Ihnen empfehlen, beim Einführen eines neuen Bewegungsablaufes nicht gleich den ganzen Ablauf einzuüben, sondern die Bewegung aufzubauen. Am besten beginnen Sie mit der Schrittfolge, also mit der Bewegung der Beine und fügen die weiteren Bewegungen der Arme, des Kopfes usw. hinzu.
Auf dieser Grundlage sind auch die folgenden Aufwärmübungen aufgebaut, für die Sie sich auf jeden Fall viel Zeit nehmen sollten.

Gehen mit Klatschen

Die Grundidee für diese und die folgende Übung stammt aus der Unterrichtsmethode von Germaine Acogny.

Beginnen Sie mit dem Gehen wie es für die Übung *"Die Körperwelle"* beschrieben ist. Bestimmen Sie selbst das Tempo oder wählen Sie eine dafür geeignete Musik aus. (Musikvorschläge finden Sie am Ende der Beschreibung). Achten Sie darauf, daß Sie das Gehen nicht unterbrechen müssen. Im Unterricht mit einer Gruppe kann im Kreis gegangen werden. Hierbei sollten alle TeilnehmerInnen im Gleichschritt sein. Wenn sich alle in den Rhythmus und das Gehen eingefunden haben, beginnen Sie gleichzeitig mit dem Gehen im Rhythmus zu klatschen. Folgende einfache Möglichkeiten bieten sich an:

• Klatschen Sie einmal beim Auftreten mit dem rechten Fuß

• Klatschen Sie einmal beim Auftreten mit dem rechten und dann beim Auftreten mit dem linken Fuß (also bei jedem Auftreten)

- Klatschen Sie einmal beim Auftreten mit dem rechten Fuß, dann klatschen Sie beim Auftreten mit dem linken Fuß und wieder beim Auftreten mit dem rechten Fuß, das folgende Auftreten mit dem linken Fuß ist ohne Klatschen (also rechts-klatsch, links-klatsch, rechts-klatsch, links-Pause)

- Klatschen Sie einmal beim Auftreten mit dem rechten Fuß und zweimal schnell hintereinander beim Auftreten mit dem linken Fuß

- Klatschen Sie einmal beim Auftreten mit dem rechten Fuß, dann einmal beim Auftreten mit dem linken Fuß, dann zweimal schnell hintereinander beim Auftreten auf dem rechten Fuß (also: rechts-klatsch, links-klatsch, rechts-klatschklatsch, links-klatsch, rechts-klatsch, links-klatschklatsch).

Dies sind nur einige Beispiele, die Sie selbst weiter ausbauen können. Oft gibt einem die gewählte Musik auch die geeigneten Ideen und Impulse. Beginnen Sie auf jeden Fall mit einem langsamen Tempo und steigern Sie es allmählich. Sie sollten eine einzelne Rhythmusvorgabe möglichst so lange ausführen, bis Sie nicht mehr an die Abfolge denken müssen, bzw. bis Sie den Eindruck haben, daß alle TeilnehmerInnen gelöst die Übung ausführen.

Musikvorschläge für die Übung *"Gehen mit Klatschen"* und für die folgende Übung *"Gehen und mehr"*:
MC Afrikanische Rhythmen und Lieder von Cheikh T. Niane, Vol. 3, "Trance" (langsamer Rhythmus), "Sabar- und Arbeitstanz" (schnellerer Rhythmus); CD Gongoma Times von Fatala, "Timini" (langsamer Rhythmus, kann auch doppelt so schnell getanzt werden und ist dann eine Temposteigerung zum "Sabar- und Arbeitstanz ")

Gehen und mehr

Das Gehen mit leichter Wellenbewegung, lockerem Federn und dem Aufsetzen des ganzen Fußes bleibt gleich wie bei der Übung *"Gehen mit Klatschen"*. Wird diese Übung jedoch in der Gruppe oder Unterrichtsstunde gemacht, eignet sich eine Aufstellung *"en bloc"*. Die Vortänzerin oder Lehrerin bewegt sich vor der Gruppe und alle TeilnehmerInnen können während des Tanzens gut beobachten und Änderungen im Bewegungsablauf sofort nachvollziehen. Auch bei dieser Übung ist es wichtig, das Gehen nicht zu unterbrechen, auch nicht, wenn Sie einen neuen Bewegungsablauf beginnen. Die Bewegungen sind so einfach, daß sie üblicherweise sofort nachgetanzt werden können. Gegebenenfalls bleiben Sie länger bei einer Bewegung und lassen somit den TeilnehmerInnen genügend Zeit, die Tanzbewegung zu übernehmen. Ein Bewegungsablauf sollte auf jeden Fall so lange getanzt werden, bis er völlig aufgenommen ist, d. h., bis die TänzerInnen nicht mehr an Koordination und Bewegungsfolge denken müssen und den Kopf frei haben für die Freude am Tanz.

Damit Sie mit einer Gruppe in der "en bloc"-Aufstellung in einem Raum ohne Unterbrechung gehen können, gibt es folgende Möglichkeit: Die Vortänzerin geht der Gruppe voraus, diagonal oder parallel durch den Raum. An der Wand angekommen, geht sie einen Halbkreis, ohne den Geh-Rhythmus zu unterbrechen, und beginnt den gleichen Weg wieder zurück bis zur anderen Wand und wendet wieder auf dieselbe Weise. Alle TeilnehmerInnen führen jede für sich den gleichen Weg aus. So kann die ganze Gruppe so lange wie nötig in Bewegung bleiben. Beginnen Sie mit einem langsamen Rhythmus.

Für Afro-AnfängerInnen ist es ratsam, die Bewegungsabläufe in der im folgenden beschriebenen Reihenfolge zu üben. Sie beginnen mit den Bewegungen, die aus dem Impuls der Körperwelle entstehen, und gehen erst dann auf die wirklich isolierten Bewegungen über.

Außerdem ist es einfacher, zwischen den unterschiedlichen Tanzbewegungen immer wieder nur das Gehen mit der Körperwelle einzufügen.

Für geübte TänzerInnen können die folgenden Beispiele in beliebiger Reihenfolge getanzt werden, je nachdem, wie die bisherige Aufwärmung gestaltet war.

Beispiel 1

Beginnen Sie das Gehen mit der Körperwelle, also: Fuß abheben – Bauch einziehen, dann Bauch lockerlassen – Fuß aufsetzen. Lassen Sie dabei den Oberkörper sehr locker, und Sie werden bemerken, daß sich Ihre Schultern im Rhythmus vor- und zurückbewegen. Verstärken Sie diese Bewegung und integrieren Sie die starke Schulterbewegung mit in den Bewegungsablauf.

Die Bewegungsfolge: Fuß abheben – Bauch einziehen – Schultern nach vorne, dann Fuß aufsetzen – Bauch locker lassen – Schultern nach hinten. Wie schon vorher erwähnt, ist das Aufsetzen des Fußes betont. Dieser Akzent wird Ihnen auch durch die Musik vorgegeben. Tanzen Sie diesen Moment sehr bewußt.

Beispiel 2

Versuchen Sie beim Gehen, Ihre Arme locker hängen zu lassen. Sie werden bemerken, daß sie im Rhythmus, ausgelöst durch die Körperwelle und Schulter-

bewegung, vor- und zurückpendeln **14** **15**. Betonen Sie jetzt diese Bewegung. Heben Sie die Ellenbogen etwas an, so daß die Handflächen nach hinten zeigen. Verstärken Sie das Vor- und Zurückschwingen der Arme besonders beim Aufsetzen des Fußes, also nach hinten. Beteiligen Sie auch die Schultern an der Bewegung. Geben Sie etwas Spannung in die Arme, so daß es scheint, als ob Sie links und rechts vom Körper etwas nach hinten schieben.

Die Bewegungsfolge: Fuß abheben – beide Arme nach vorne, Fuß aufsetzen – beide Arme nach hinten.

Beispiel 3

Beginnen Sie wie bei Beispiel 2, also den Fuß aufsetzen und beide Arme seitlich nach hinten schieben. Beim nächsten Fußaufsetzen die Unterarme abwinkeln und locker nach oben schlagen. Die Finger können dabei kurz die Schultern antippen. Die Bewegung des Unterarms entsteht aus dem Vorwärtsschwingen der Arme. Führen Sie die Armbewegung also fließend und schwungvoll aus.

Die Bewegungsfolge: Fuß abheben – beide Arme nach vorne, Fuß aufsetzen – beide Arme nach hinten, Fuß abheben – beide Arme nach vorne, Fuß aufsetzen – Unterarme nach oben.

Beispiel 4

Halten Sie die Unterarme immer angewinkelt. Die Handflächen zeigen zu den Schultern. Wenn Sie in dieser Position die Körperwelle ausführen, werden sich Ihre Unterarme im Rhythmus vom Oberkörper weg- und wieder heranbewegen **16** **17**. Aus dem Impuls der Körperwelle können sie den Brustkorb verstärkt nach vorne öffnen und wieder nach hinten bewegen. Führen Sie die Bewegung schließlich auch mit den Armen großzügiger aus.
Der Bewegungsablauf ist wie folgt: Fuß abheben – Bauch und Brustkorb einziehen – Unterarme von Körper weg bewegen, Fuß aufsetzen – Bauch locker – Brustkorb raus – Unterarme zum Körper herziehen.

Beispiel 5

Beginnen Sie mit dem Gehen und betonen Sie jetzt die Beinbewegung. Ziehen Sie beim Abheben des Fußes das Knie hoch . Trotz der Betonung der Beinbewegung nach oben bleibt der Akzent zum Boden gerichtet. Lösen Sie das Hochziehen des Knies durch die Körperwelle aus. Durch das Einziehen des Bauches hebt sich der Fuß vom Boden ab, durch das Lockerlassen des Bauches sinkt das Bein wieder zum Boden. Halten Sie den Oberkörper leicht nach vorne gebeugt und vergessen Sie das Federn in den Knien nicht.

Bewegen Sie die Arme bei diesem Ablauf gegengleich. (rechtes Bein – linker Arm)

In *Beispiel 3* zeigt sich, daß Bewegungen, die ihren Impuls aus der Körperwelle bekommen, auch nahtlos in isolierte Bewegungen übergehen können, wie es bei der beschriebenen Unterarmbewegung der Fall ist. Eine genaue Trennung von isolierten und nicht isolierten Bewegungen ist daher manchmal nicht präzise möglich.

Die *Beispiele 1-5* können erschwert werden, indem zusätzlich isolierte Bewegungen hinzugefügt werden. Es bieten sich Kopfbewegungen an. Zum Beispiel: rechten Fuß aufsetzen – Kopf nach rechts drehen, linken Fuß aufsetzen – Kopf nach links drehen. Während des Abhebens des Fußes und des gleichzeitigen Einziehens des Bauches schwingt der Kopf locker, unter Umständen etwas über unten auf die andere Seite.

Das Gehen mit isolierten Bewegungen

Der Bewegungsablauf des Gehens mit Körperwelle kann mit beliebigen isolierten Bewegungen kombiniert werden. Hierfür eignen sich besonders Bewegungen mit folgenden Körperteilen:

• Kopf: seitlich oder nach oben und unten
• Schultern: beide gleichzeitig auf und ab oder im Wechsel rechts und links

- Arme: es bieten sich vielfältige Möglichkeiten, TanzschülerInnen können im Wechsel als VortänzerInnen agieren und ihre Ideen der Gruppe zum Nachtanzen präsentieren. Denken Sie immer daran bzw. erinnern Sie die VortänzerInnen daran, einfache Bewegungsabläufe vorzutanzen.

- Hände: zur Faust schließen und öffnen, Hand locker fallen lassen und seitlich abwinkeln (eine Bewegung von Germaine Acogny)

Beide Bewegungen können mit verschiedenen Armhaltungen ausgeführt werden: seitlich nach unten, seitlich in Schulterhöhe, nach oben, nach vorne. Die Arme sollten dabei nahezu gestreckt sein.

Isolierte Bewegungen des Beckens, die im afrikanischen Tanz häufig zu finden sind, eignen sich nicht zur Kombination mit dem Gehen. Sie sollten im Stehen geübt werden, und zwar mit leicht gebeugten Knien, Füße parallel und hüftbreit.

Isolierte Bewegungen mit unterschiedlichem Rhythmus

Gehen Sie wieder auf die beschriebene Weise und schütteln Sie dabei die Hände aus den Handgelenken locker nach unten.
Das Gehen wird auf 2 Takte gezählt, und zwar:
Fuß abheben = 1, Fuß aufsetzen = 2. Das Händeschütteln ist doppelt so schnell.
Schütteln Sie gleichzeitig zu den zwei Geh-Takten viermal mit den Händen.
Wenn Ihnen das genaue Abzählen der Handbewegung nicht gelingt, so schütteln Sie einfach schnell mit den Händen und erzeugen so einen schnelleren Rhythmus als die Beinbewegung. Versuchen Sie, die Kombination der beiden Rhythmen gleichbleibend zu halten.

Viele afrikanische Tanzbewegungen, die sich aus einer Grundmotion und isolierten Bewegungen zusammensetzen, laufen in Tempo und Dynamik verschieden ab. Dafür ist die beschriebene Übung mit sehr einfachen Bewegungen eine gute Vorübung, bei der Sie sich vor allem auf das dabei entstehende Körpergefühl einstellen können.

Der Rhythmus und das Wort

Im afrikanischen Leben und im Tanz, der untrennbar mit allen Geschehnissen des Lebens verbunden ist, spielt das Wort eine völlig andere Rolle als im westlichen Leben. Während bei uns das geschriebene Wort eine zentrale Stellung einnimmt, ist es in Afrika das gesprochene Wort, das die Dinge belebt, Macht ausübt und Wissen vermittelt. Das Wort lebt durch den Menschen, der es ausspricht und durch das Aussprechen wird die Sprache zum Rhythmus. Gedichte und Liedertexte sind nach dem Rhythmus der Sprache verfaßt und dieser Rhythmus ist wiederum Leitfaden für die Melodie und den Rhythmus des Liedes. Der inzwischen auch in Europa sehr populäre senegalesische Sänger und Komponist Youssou N'Dour arbeitet oft auf diese Weise und auch der Rap ist eine auf diesem Prinzip entstandene Musik.

Das Wort ist also Rhythmus, aber es benennt auch die Dinge. Deshalb haben alle in sich abgeschlossenen Bewegungsabläufe, aus denen sich die Choreographien von Cheikh zusammensetzen, einen Namen. Dieser bezeichnet die Aussage der Bewegung; kurz, er sagt uns, was wir tanzen. Es kann eine Bitte, ein Aufruf, eine Tätigkeit, ein Gefühl oder die typische Bewegung eines Tieres sein. Der Inhalt und der tänzerische Ausdruck einer Bewegung stehen im Mittelpunkt, und zwar von Anfang an. Auch Tanzanfänger werden somit von der ersten Übungsstunde an aufgefordert, sich mit dem Inhalt der Bewegung auseinanderzusetzen und diesen durch die Bewegung selbst zu erleben. Dies stellt einen direkten Bezug zum Tanz und zum afrikanischen Denken und Leben dar. Auch wenn eine Tänzerin noch nie tatsächlich Mais gestampft hat und tanzt das *"Maisstampfen"*, so wird sie eben zum ersten Mal in ihrem Leben Mais stampfen und es auf ihre ganz besondere Art tun, so wie jede Afrikanerin auf ihre persönliche Art Mais stampft.

Um dies im Unterricht, vor allem mit tanzerfahrenen SchülerInnen westlicher Tanzstile, auch vermitteln zu können, scheint es mir hilfreich, einmal den Vergleich mit dem *klassischen Ballett* oder dem *Modern Dance* anzustellen, da sich die afrikanische Art der Benennung gravierend von den Bezeichnungen westlicher Tanzbewegungen unterscheidet.

Im *klassischen Tanz* oder *Modern Dance* sind es selten ganze Bewegungsabläufe, sondern Positionen, Haltungen oder ganzheitliche Bewegungen, die nach ihrem technischen Ablauf benannt werden. Bezeichnungen aus dem klassischen Ballett, wie *"Plié"* (gebeugt), *"Tendu"* (gestreckt), *"Relevé"* (erhoben) sind Angaben für die Haltung der Beine oder Arme. Über den tänzerischen Ausdruck geben sie keine Auskunft. Für Anfänger steht das Üben der Tanztechnik im Vordergrund. Erst für Fortgeschrittene gewinnen Inhalt und Ausdruck in Form einer Choreographie an Bedeutung.

Die senegalesische Tänzerin, Lehrerin und Choreographin Germaine Acogny verbindet die westliche Unterrichtsmethode mit der afrikanischen Gefühlswelt, indem sie *Exercises* (Übungen von Bewegungsabläufen westlicher Tanzstile) auf der Grundlage afrikanischer Bewegungen schuf und ihnen Bezeichnungen wie *"Maske der Dogon"*, *"Bogenspannen"*, *"Opfer"* oder *"Palmbaum"* gab.

Bewegung, Rhythmus und Wort finden also im afrikanischen Tanz zu einer Einheit zusammen. Wie kann nun das Wort und der Rhythmus im Tanzunterricht als Einheit verdeutlicht werden?

Wie viele afrikanische Tanzlehrer verwendet auch Cheikh in seinem Unterricht eine ganz einfache Möglichkeit: er spricht die Trommelrhythmen und tanzt dazu. Oft sind es die Namen der Rhythmen, die dem Klang des Trommelschlages nachempfunden sind. Es können aber auch andere dem Rhythmus entsprechende Laute sein, wie: ah – da – da – bum, ah – da – da - bum ... Da wahrscheinlich die wenigsten TänzerInnen die Namen der Trommelrhythmen kennen, bleibt als einzige Möglichkeit das Sprechen erfundener Laut-Rhythmen. Diese Laut-Rhythmen verdeutlichen mit dem Rhythmus auch den Akzent des Bewegungsablaufes. Deshalb kann, wenn es notwendig ist, für jeden einzelnen Bewegungsablauf ein spezieller Laut-Rhythmus festgelegt werden.
Sprechen Sie diese Laut-Rhythmen während des Tanzens auch laut aus, so wird das Bewußtsein für die Atmung geweckt, und mit der Zeit entsteht eine gute Koordination von Atmung und Bewegung.

Eine weitere Möglichkeit, den Rhythmus zu sprechen, bieten die Bezeichnungen der einzelnen Bewegungsabläufe, wie sie im choreographischen Teil für den *"Hochzeitstanz"* und den *"Heiliger-Wald-Tanz"* angegeben sind. Wählen Sie aus diesen Benennungen geeignete Wörter aus, die den Inhalt treffend wiedergeben und sprechen Sie diese während des Tanzes im Rhythmus, wie: Komm – komm– komm – ja, komm – komm – komm – ja, oder Wir – gehn – los – und, wir – gehn – los – und ... Ich verwende diese Art, den Rhythmus zu sprechen sehr gern im Unterricht, was anfangs meist ein ziemliches Gelächter in der Gruppe auslöst. Aber "Lachen vertreibt die bösen Geister" sagen die Afrikaner und Cheikh meint:"Lachen ist Atmen". Also, dann geben wir dem Lachen doch eine Chance, dies tut dem Lerneffekt sicher keinen Abbruch.
Da die aufeinanderfolgenden Bewegungsabläufe auch eine erzählerische Funktion haben, sind die Benennungen und das Sprechen eine gute Gedächtnisstütze für die Reihenfolge der Bewegungsabläufe einer Choreographie. Außerdem ersetzen sie das Durchzählen des Bewegungsablaufes, das TänzerInnen westlicher Tanzstile gewöhnt sind. Dieses Durchzählen, meist auf vier Takte, sagt nichts aus über den Inhalt und Ausdruck und den Akzent einer Bewegung und

ist im Vergleich zu den afrikanischen Möglichkeiten rein technischer Art und außerdem langweilig.

Obwohl ich das Durchzählen im Unterricht für afrikanischen Tanz nicht für die geeignete Methode halte, habe ich mich trotzdem dafür entschieden, es für die folgende Beschreibung der Tänze mit Buchstaben und Fotos zu verwenden, in der Hoffnung, eine möglichst einfache und klare Form zu finden. Die Beschreibung soll hauptsächlich dazu dienen, die Schrittfolgen und technischen Bewegungsabläufe zu erklären. Das wirkliche Tanzen kommt mit dem Rhythmus, der Atmung und dem Trommelschlag, der nicht nur das Ohr erreicht, sondern den ganzen Körper durchdringt und alle Energie weckt. Ein senegalesischer Griot beschreibt sein Gefühl beim Tanzen: "Mein Kopf und mein ganzer Körper sind erfüllt mit Freude und ich spüre eine Kraft, die stärker ist als ich." [9]

Erwachsenentanz

"Es gab damals auch viele geheime Feste, und wir Kinder durften uns da nicht blicken lassen. Oro! Da schlichen wir uns heimlich aus dem Haus und paßten auf, daß die Alten uns nicht sahen!" [10] Das sind die Kindheitserinnerungen an die Tänze der Erwachsenen von Amos Tutuola. Und Cheikh meinte kurz und bündig: "Die Kinder müssen jetzt ins Bett", als ich ihn fragte, was das Besondere am *Erwachsenentanz* sei.

Durch die Initiation wird genau festgelegt, wer noch Kind ist und wer sich zu den Erwachsenen zählen darf. Der gesellschaftliche Wandel vom Kind zum Erwachsenen vollzieht sich also durch die Initiation.

Die Jungen und Mädchen werden aufgrund ihrer körperlichen und geistigen Entwicklung für die Initiation bestimmt, d. h. in einer Gruppe befinden sich Jugendliche unterschiedlichen Alters. Jungen und Mädchen werden nach dem Geschlecht getrennt und durchlaufen zu unterschiedlichen Zeiten die Initiation. Ganz einfach ausgedrückt ist die Initiation eine Schule, in der die Jugendlichen alles lernen, was sie im weiteren Leben brauchen und was zu ihrer Persönlichkeitsentwicklung notwendig ist. Durch Mutproben und ein hartes sportliches Training sollen die Jugendlichen Selbstüberwindung und Durchsetzungsvermögen, Körperbeherrschung, Kondition und Kraft erwerben. Vor und nach der Beschneidung wohnt die ganze Gruppe über längere Zeit mit ihren Betreuern außerhalb des Dorfes. In dieser Zeit lernen sie die traditionellen Tänze, Rhythmen und Lieder, Geschichte, Brauchtum und Mythos ebenso wie handwerkliche Grundkenntnisse. Daß es sich hierbei um eine ganzheitliche Schulung handelt, möchte ich an folgendem Beispiel aufzeigen. "Bei den Bambara werden den Jungen Werkzeuge vorgelegt, die in einer chronologischen Folge geordnet sind und konkret die langsame Entwicklung der Techniken und ihren Fortschritt demonstrieren." [11] Die langsame, aber stetige Entwicklung, die uns die Natur vor Augen führt, ist auch im afrikanischen Denken verwurzelt und spiegelt sich auch in diesem Beispiel wider. Ebenso ist die Initiation in aufeinander aufbauende Stufen und die damit verbundenen Zeremonien gegliedert. Es wäre also falsch, unter Initiation nur die Beschneidung zu verstehen oder sie nur mit der Veränderung des gesellschaftlichen Standes gleichzustellen.

Bei vielen Ethnien Afrikas erfolgt nach der Initiation die Aufnahme in einen Geheimbund. Dieser übernimmt unterschiedliche Funktionen: die Aufteilung gemeinsam erwirtschafteter Güter, die Aufteilung der Geschenke an den Bund, Rechtsprechung und die Organisation und Durchführung von Zeremonien, Maskentänzen und Festen. Die Funktionen des Geheimbundes werden heute, wenn überhaupt, von den Dorfältesten oder einem Zeremonienmeister aus der Griot-Kaste ausgeführt.

Warum nun die Kinder bei bestimmten Tänzen und Ritualen nicht dabeisein dürfen, hat sicherlich viele Gründe. Einer verdient, besonders angesprochen zu werden. Bei Opferzeremonien und Besessenheitstänzen gilt es, freigewordene Energie zu bändigen und zu transformieren. Sie wird durch Tänzer, Maskentänzer und Priester aufgenommen und durch den Tanz und bestimmte Handlungen zum Wohle der Gemeinschaft neu verteilt. Diese Vorgänge bergen ein großes Risiko in sich, und selbst die kontrollierte Energie kann gefährlich werden. Wer nicht genügend darauf vorbereitet oder für diese Energie zu empfindsam ist, bringt sich in Gefahr. Dies trifft auf Kinder und Frauen zu und erklärt auch, warum Frauen der Anblick bestimmter Masken verboten ist.
Für das Fernbleiben der Kinder gibt es bestimmt auch ganz einfache und gewöhnliche Gründe. Die Erwachsenen wollen eben auch manchmal in Ruhe feiern, ohne immer auf die Kinder aufpassen zu müssen. Da heißt es dann eben: "Die Kinder müssen jetzt ins Bett!"

Der *Erwachsenentanz* drückt durch die einzelnen Bewegungen und ihre Anordnung Kraft und Stärke aus. Freude an der Bewegung und die Sicherheit eines Lebens in der Gemeinschaft manifestieren sich in diesem Tanz.

Alle Bewegungseinheiten verlaufen über vier Zeiten. Als einzige Ausnahme wird die *Vierte Bewegung* über acht Zeiten getanzt. Auf spiegelbildliche Wiederholungen einzelner Bewegungsabläufe wird an entsprechender Stelle hingewiesen.

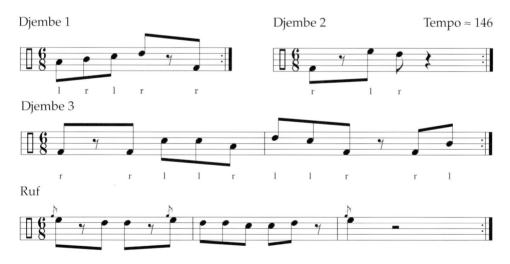

Den Rhythmus zu diesem Tanz finden Sie auf der MC von Cheikh Tidiane Niane: Traditionelle afrikanische Lieder und Rhythmen, Vol. 3.

1

2

Erste Bewegung

1 Ausgangsposition:
Den rechten Fuß mit dem Ballen nach hinten aufsetzen (ähnlich wie bei einem Knicks). Das Gewicht bleibt auf dem gebeugten linken Bein.
Die Unterarme vor der Brust kreuzen, die Handflächen nach außen.

2 Das rechte gestreckte Bein mit Flex (also mit stark angewinkeltem Fuß) zur rechten Seite aufsetzen. Das Gewicht bleibt auf dem linken Bein. Die Arme seitlich ausbreiten. (1 Zeit)

Rechtes Bein und beide Arme zurück in Ausgangsposition. (1 Zeit)

Noch einmal rechtes Bein zur rechten Seite aufsetzen und die Arme ausbreiten. (1 Zeit)

Jetzt das rechte Bein vor dem linken Standbein kreuzen, und das Gewicht auf das rechte Bein verlagern. Die Arme wieder wie beschrieben vor dem Körper kreuzen. (1 Zeit)
Denselben Ablauf jetzt mit dem linken Bein zur linken Seite beginnen.

Durch das Kreuzen nach vorne entsteht eine leichte Vorwärtsbewegung. Denken Sie immer wieder an die Körperwelle. Sie wird hier durch die Armbewegung bis in den Brustkorbbereich aktiviert.

Zählen Sie:
Rechtes Bein seitlich und Arme offen: 1
Rechtes Bein hinten und Arme gekreuzt: 2
Rechtes Bein seitlich und Arme offen: 3
Rechtes Bein vorne und Arme gekreuzt: 4
Linkes Bein seitlich und Arme offen: 1 usw.

Zweite Bewegung

3 Das rechte Bein weit nach hinten aufsetzen, kurz das Gewicht auf dieses Bein verlagern und dann sofort wieder an das vordere linke Bein zurückgeben. Dabei die Arme direkt in die abgebildete Position bringen. (1 Zeit)

Bei der kurzen Gewichtsverlagerung ist es nicht notwendig, daß die Füße vom Boden abheben. (Gewichtsverlagerung und Akzent sind ähnlich dem Samba-Grundschritt)

Das rechte Bein wieder parallel neben das linke Bein setzen und dabei die Arme fallen lassen. (1 Zeit)

4 Jetzt das linke Bein nach hinten aufsetzen – Gewichtswechsel – und die Arme zur anderen Seite ausgerichtet nach oben schwingen. (1 Zeit)

Das linke Bein wieder parallel setzen und die Arme fallen lassen. (1 Zeit)

Der Blick kann den Armen folgen.
Durch das Fallenlassen der Arme holen Sie Schwung für die Armbewegung nach oben. Arbeiten Sie besonders mit dem Rücken und dem Bauch! Arme oben – Bauch locker, Arme unten – Bauch einziehen. Das erleichtert die Armbewegung!

Zählen Sie:
Rechtes Bein hinten und Arme oben: 1
Beine parallel und Arme unten: 2
Linkes Bein hinten und Arme oben: 3
Beine parallel und Arme unten: 4

53

Dritte Bewegung

5 Das gestreckte rechte Bein mit Flex zur rechten Seite aufsetzen. Das Gewicht bleibt auf dem linken Bein. Den Oberkörper nach rechts drehen und beide Arme nach oben werfen. (1 Zeit)

Das rechte Bein wieder parallel setzen und beide Arme fallen lassen, so daß die Hände auf den Oberschenkeln liegen. Den Oberkörper leicht nach vorne beugen. Die Knie sind leicht gebeugt. (1 Zeit)

6 Die Beine bleiben in paralleler Position. Die Arme noch einmal nach oben werfen. Dabei den linken Fuß kurz anheben und wieder aufsetzen. (1 Zeit)

Beide Arme wieder fallen lassen. Dabei den rechten Fuß kurz anheben und wieder aufsetzen. (1 Zeit)

7

7 Denselben Bewegungsablauf jetzt spiegelbildlich zur anderen Seite beginnen, also linkes Bein zur linken Seite usw.

Die Beinbewegung gleicht zwei kleinen Schritten auf der Stelle. Der Fuß gleitet oder schiebt sich dabei mehr über den Boden. Er hebt sich nur kurz ab. Entscheidend ist die Gewichtsverlagerung. Achten Sie darauf, daß Ihre Knie immer leicht gebeugt sind!

Zählen Sie:
Rechtes Bein seitlich und Arme oben: 1
Beine parallel und Arme unten: 2
Linker Fuß und Arme oben: 3
Rechter Fuß und Arme unten: 4
Linkes Bein seitlich und Arme oben: 1
usw.

8

9

Vierte Bewegung

Diese Bewegung besteht aus 2 x 4 Zeiten. Da die Beinbewegung in einem schnelleren Tempo getanzt wird als die Armbewegung, was die Koordination etwas erschwert, wird zunächst die Beinbewegung und erst danach die Armbewegung beschrieben.

8 bis **11** Mit dem rechten Unterschenkel nach hinten ausholen, dann mit Schwung den Fuß über den Boden streifen und mit dem ganzen Bein einen Kreis beschreiben. Abschließend den rechten Fuß leicht nach hinten aufsetzen. Die Kreisbewegung ist vergleichbar mit dem Rückwärtstreten eines Fahrradpedals. (2 Zeiten)

Mit dem linken Bein einen Schritt rückwärts gehen (1 Zeit). Dann mit dem rechten Bein einen Schritt rückwärts gehen (1 Zeit). Mit dem linken Fuß auf den Boden stampfen (1 Zeit). Aus dem Stampfen wieder hochfedern und den linken Fuß nach vorne aufsetzen. (1 Zeit)

56

Mit dem rechten Bein einen Schritt nach vorne gehen. (1 Zeit)
Mit dem linken Bein einen Schritt nach vorne gehen. (1 Zeit)

Üben Sie zunächst nur diese Beinbewegung!
Der kurze, schnelle Schwung aus dem Unterschenkel und das Schleifen der Fußsohle
über den Boden geben die Dynamik für die Kreisbewegung mit dem Bein. Heben Sie beim
Streifen über den Boden die Zehen an, und berühren Sie hauptsächlich mit dem Ballen
den Boden.

Zählen Sie für die Beinbewegung:
Rechtes Bein streifen: 1
Rechtes Bein kreisen und aufsetzen: 2
Linkes Bein zurück: 3
Rechtes Bein zurück: 4
Linkes Bein stampfen: 1
Linkes Bein nach vorne aufsetzen: 2
Rechtes Bein nach vorne: 3
Linkes Bein nach vorne: 4

Zu dieser Beinbewegung addiert sich folgende Armbewegung:

8 bis **11** Mit beiden Armen von hinten Schwung holen und gleichzeitig mit dem Streifen des rechten Fußes in die Hände klatschen. Die Hände sofort wieder öffnen und einen Armkreis über oben nach hinten ausführen. Den selben Armkreis mit gleichzeitigem Klatschen zum Aufstampfen des linken Fußes beschreiben.

Die zwei aufeinanderfolgenden Armkreise sollen flüssig und durchlaufend sein. Vermeiden Sie eine Unterbrechung des Armkreises durch das Klatschen. Beugen Sie sich beim Klatschen nach vorne und benützen Sie den Schwung des Armkreises, um nach oben zu federn.
Lassen Sie sich von dieser Bewegung wie von einer Meereswelle vor- und zurück-, auf- und abtragen.

Zählen Sie für die Armbewegung:
Klatschen: 1
Armkreis rückwärts: 2, 3, 4

Fünfte Bewegung

12 Das gestreckte rechte Bein mit Flex zur rechten Seite aufsetzen. Das Standbein bleibt gebeugt. Den Oberkörper nach rechts beugen und die Arme nach hinten strecken. Der Rücken ist gerade und der Blick zur Seite gerichtet. (2 Zeiten)

Das rechte Bein wieder parallel setzen. Beide Beine sind gebeugt. Den Oberkörper genau nach vorne beugen. Dabei die Arme vor dem Körper anwinkeln. Der Rücken ist jetzt rund und der Blick zum Boden gerichtet. (2 Zeiten)

Den gleichen Bewegungsablauf jetzt spiegelbildlich zur anderen Seite beginnen, also linkes Bein zur linken Seite usw.

Zählen Sie:
Rechtes Bein seitlich und Arme hinten: 1, 2
Beine parallel und Arme vorn: 3, 4
Linkes Bein seitlich und Arme hinten: 1, 2
Beine parallel und Arme vorn: 3, 4

Wiederholen Sie die *Fünfte Bewegung* je nach Vorgabe und tanzen Sie diese im Anschluß daran in doppelt so schnellem Tempo.

12

Zählen Sie:
Rechtes Bein seitlich und Arme hinten: 1
Beine parallel und Arme vorne: 2
Linkes Bein seitlich und Arme hinten: 3
Beine parallel und Arme vorn: 4

59

13

14

Sechste Bewegung

13 Das rechte Bein mit angewinkeltem Unterschenkel nach hinten werfen und dabei den Oberkörper nach rechts drehen. Gleichzeitig die Arme in Schulterhöhe nach hinten werfen. Den Brustkorb weit öffnen. (1 Zeit)

14 Das rechte Bein wieder parallel setzen und dabei die Arme vor den Brustkorb bringen, die Fingerspitzen berühren das Brustbein. Den Bauch einziehen und einen runden Rücken machen, also den Brustkorb nach hinten schieben. (1 Zeit)

15

15 Den linken Fuß kurz vom Boden abheben und wieder aufsetzen. Dabei den Brustkorb nach vorne schieben. Die Armhaltung bleibt unverändert. (1 Zeit)

Noch einmal den Brustkorb nach hinten schieben und den rechten Fuß kurz vom Boden abheben und wieder aufsetzen. (1 Zeit)

Den gleichen Bewegungsablauf jetzt spiegelbildlich zur anderen Seite beginnen, also linkes Bein nach hinten werfen usw.

Die Beinbewegung entspricht der Bein-bewegung der Dritten Bewegung *und ist dort ausführlich beschrieben. Lassen Sie bei der Brustkorbisolation den Kopf und die angewinkelten Arme locker mit der Bewegung mitlaufen. Die Brustkorb-bewegung bestimmt den Bewegungs-verlauf automatisch. Halten Sie also nicht angestrengt dagegen! Achten Sie besonders bei dieser Bewegung auf die Atmung. Bei zurückgehaltener Atmung ist diese Bewegung sehr anstrengend!*

Zählen Sie:
Rechtes Bein nach hinten und Arme nach hinten: 1
Beine Parallel und Arme nach vorne: 2
Linkes Bein und Brustkorb nach
vorne: 3
Rechtes Bein und Brustkorb nach hin-ten: 4
Linkes Bein nach hinten und Arme nach hinten: 1 usw.

61

16

Siebte Bewegung

16 Zuerst den rechten Unterschenkel, dann den linken Unterschenkel zum Po hochschlagen. Dabei beide Arme zur Seite und möglichst etwas nach hinten werfen. (2 Zeiten)

17 Mit beiden Beinen gleichzeitig abspringen und wieder aufkommen. Beim Hochspringen die Hände vor die Brust bringen, die Ellenbogen sind oben. Beim Aufkommen die Arme in derselben Haltung nach unten und seitlich an den Körper drücken. (1 Zeit)
Diese Bewegung noch einmal wiederholen. (1 Zeit)

Verwenden Sie für den Sprung nicht zuviel Kraft. Er gleich eher einem Federn, also kurz vom Boden abheben und dann mit dem ganzen Gewicht wieder auf den Boden zurückkehren. Die Betonung zum Boden wird durch die Pumpbewegung der Arme noch verstärkt.

Zählen Sie:
Rechtes Bein und Arme seitlich: 1
Linkes Bein und Arme bleiben seitlich: 2
Mit beiden Beinen springen und Armpumpen: 3
Mit beiden Beinen springen und Armpumpen: 4
Cheikh zählt bei dieser Bewegung: 1, 2, bum, bum

Achte Bewegung

Ausgangsposition:
Die Hände in die Hüften stemmen und die Beine schließen.

18 Das rechte Bein zur Seite setzen, dabei das Knie hochziehen und mit dem linken Bein (Standbein) leicht nach oben federn. Das Gewicht bleibt jedoch auf dem linken Bein. Die Hände sind in die Taille gestemmt. (2 Zeiten)

19 Das rechte Bein auf die gleiche Weise zurückholen und zum linken Bein schließen.
Dabei mit beiden Armen einen Halbkreis ausführen und zwar zur Seite, nach oben und dann direkt zurück in die Taille. (2 Zeiten)

Denselben Bewegungsablauf jetzt spiegelbildlich zur anderen Seite beginnen, also linkes Bein zur linken Seite setzen usw.

20 Das Zurückholen des Beines von der linken Seite kann auch mit einer halben Drehung nach rechts getanzt werden.

Der ganze Bewegungsablauf soll sehr leicht und federnd getanzt werden. Denken Sie daran, daß die Knie immer leicht gebeugt sind. Nutzen Sie den Schwung der Arme nach oben aus!

Zählen Sie:
Rechtes Bein seitlich: 1, 2
Rechtes Bein zurück und Armkreis: 3, 4
Linkes Bein seitlich : 1, 2
Linkes Bein zurück mit Armkreis und halber Drehung: 3, 4

Heiliger-Wald-Tanz

In der afrikanischen Erzähl- und Märchentradition geht es oft um Geister, die im Busch leben. Aus dieser Überlieferung, die bei den Yorubas (Nigeria) besonders gepflegt wird, entstand auch das ins Deutsche übersetzte Buch von Amos Tutuola: Mein Leben im Busch der Geister [12]. Aufbauend auf die alte Erzählkunst seines Volkes und die Vorstellung, daß viele und auch böse und gefährliche Geister im Busch und Urwald leben, schuf er ein farbiges und überschwengliches Phantasiegebilde, in dem es von den schauerlichsten Geistern nur so wimmelt. Er beschreibt Wesen, die sich unserer Vorstellung entziehen und in dieser Form auch nicht der Überlieferung entsprechen.

Ganz auf dem Boden der Wirklichkeit dagegen bleibt der große Erzähler Amadou Hampate Ba aus Mali. Er berichtet in seinen Kindheitserinnerungen, die unter dem deutschen Titel "Jäger des Wortes"[13] erschienen sind, von einem Fußmarsch, den er mit seinem Vater machte und der durch einen unheimlichen Wald führte. "Zu jener Zeit war das Land noch stark bewaldet. Der größte Teil der Strecke führte durch einen dichten Wald, den Hyänen und Panther unsicher machten. Auf halber Strecke mußten wir zu unserer Linken an einer dunklen Grube entlanggehen, die Dounfing genannt wurde. Dieser mit einer undurchdringlichen Pflanzenwelt bewachsene Abgrund, der dafür berühmt war, daß er von den boshaftesten Geistern heimgesucht wurde, war, so die Tradition, die Bleibe von Diatroufing, der mystischen großen, schwarzen Hyäne, die weiße Pfoten und auf der Stirn einen Stern haben sollte und deren Schweif in finsterer Nacht von tausend glühenden Teilchen funkelte.

Dem Volksglauben nach sollte man lieber dem Tod ins Antlitz schauen, als das Risiko auf sich nehmen, Diatroufing zu begegnen, wenn er nach Sonnenuntergang frische Luft schnappen ging. Nach Einbruch der Dunkelheit war der Ort mit Leuchtkäfern und Glühwürmchen übersät, die aus Diatroufings Fell kommen sollten. Demnach war eine Reise zwischen Bamako und Kati nach Sonnenuntergang also damit gleichbedeutend, sich geradewegs in den Schlund der großen schwarzen Hyäne, der Herrin über diesen finsteren Ort, zu stürzen." Der kleine Amadou und sein Vater sind jedoch unbehelligt durch diesen Wald gekommen, was vor allem dem Sohn starkes Selbstvertrauen verlieh.

Es wäre jedoch falsch, aus diesen und vielen ähnlichen Erzählungen zu schließen, daß der Wald und Busch nur Gefahren und Böses in sich birgt. Gut und Böse treten in der afrikanischen Mythologie meist gemeinsam auf, und so ist der Wald auch Aufenthaltsort der guten Geister. Die Bäume, vor allem große, alte Bäume, sind das Symbol für Leben. Der in der Savanne Westafrikas häufig vorkommende Baobab, auch Affenbrotbaum genannt, verdeutlicht diese Vorstellung. Der Stamm dieses Baumes kann bis zu 30 m Umfang erreichen und mehrere 100 l Wasser speichern. Daher kann der Baobab große Dürre und auch Steppenbrände überstehen. Bei einzelnen Bäumen konnte ein Alter von über 1000

Jahren festgestellt werden. In der Überlieferung kommen aus dem mächtigen Stamm dieses Baumes die ersten Menschen als Urahnen auf die Welt und Menschen kehren im Angesicht des Todes in den Baum zurück. Solche und andere riesige Bäume kennzeichnen den Ort, an dem die Menschen den Verstorbenen, den Ahnen, sehr nahe sind. Daher befinden sich unter diesen Bäumen Versammlungsorte der Dorfältesten. Auch der "Heilige Hain", der Zeremonienplatz, am Rande des Dorfes gelegen, befindet sich im Schatten riesiger Bäume. Hier werden die Götter und Ahnen befragt und um Hilfe gebeten, und hier finden auch die religiösen Feste und Opferzeremonien statt.

Die senegalesische Tänzerin Germaine Acogny beschreibt den Wald als einen heiligen Ort, weil sie hier ihrem Ursprung und ihrer Bestimmung begegnete und immer wieder von neuem begegnet; weil sie hier die Kraft und den Einfluß ihrer verstorbenen Großmutter, einer Priesterin, spürte, die sie nicht persönlich gekannt hatte. "Ich komme zu dir, in den heiligen Wald, dessen Weg du mir zeigtest ... Ich trete in den Wald ein, so wie in eine Kirche ... Der tropische Wald ist luftig, offen, gastfreundlich. Er verbindet die Kräfte von unten mit denen von oben. Die Erde und der Himmel vereinigen sich durch seine Vertikalität. Und die Bäume sind die Meister, die uns zu tanzen lehren." [14]

Der Wald wird als heiliger Ort betrachtet, weil er in Verbindung mit den guten und bösen geistigen Kräften steht. Er wird aber auch geachtet, weil er in direktem Zusammenhang mit dem Leben steht. Er ist durch den Reichtum an Früchten und anderen eßbaren Pflanzen und vor allem durch seine Jagdgründe hauptsächliche Nahrungsquelle für die in Waldgebieten lebenden Menschen.

Die Bassari in Süd-Senegal lebten früher hauptsächlich von der Jagd und bezeichnen sich noch immer als "Kamara", das bedeutet Jäger. In ihren Dorfgemeinschaften gibt es bis heute noch Geheimbünde, deren Mitgliedern die Jagd auf Löwen und Panther vorbehalten war. [15] Da früher auch der Sahel viel stärker bewaldet war, ist anzunehmen, daß die Jagd in weiten Gebieten von Senegal und Mali neben dem Hirseanbau eine bedeutende Rolle gespielt hat.

Der *Heiliger-Wald-Tanz* berichtet über den erfolgreichen Verlauf einer Jagd und das daran anschließende Fest. Er bezieht aber auch sämtliche soeben erwähnten Aspekte mit ein. Die Jagd beginnt mit einem *Aufruf* und der Bitte *Kommt alle mit*. Dann *gehen* die Jäger *los*. Nach dem Aufbruch in den Wald darf nicht vergessen werden, *Gott um Erfolg zu bitten*. Durch das Anrufen von Gott wird auch die Achtung und der Respekt vor der Natur bezeugt. Das *Jagen* beginnt und bald wird *Beute gemacht. Alle gehen heim* und im Dorf werden die Vorbereitungen getroffen und alle *feiern ein Fest*. Beim Feiern und Tanzen herrscht große *Freude*. Das Fest dauert die ganze Nacht und schließlich *ruhen sich alle aus*, sind *zufrieden* und *glücklich*. Nun schweifen die Gedanken schon weiter auf die nächste Jagd und jeder *ermahnt sich zur Vorsicht*, denn die Gefahren, die eine Jagd mit sich bringt und die Ungewißheit, die im Wald lauert, soll nicht in Vergessenheit geraten. Ebenso darf durch die Freude und Zufriedenheit nicht vergessen werden, daß die erlegte Beute ein Geschenk der Natur ist.

In diesem Tanz finden sich verschiedene wichtige Elemente des traditionellen afrikanischen Tanzes, die auch bedingt regional zugeordnet werden können. Es ist das Stampfen, Springen und die damit verbundene schnelle Beinarbeit, eine Tanzform, die besonders bei den Wolof (Senegal) getanzt wird; außerdem ausgeprägte Armbewegungen, die den Kopf mit einbeziehen und den Tanzstil der Malinke (Mali) bezeichnen, und schließlich betonte Bewegungen des Beckens, die von den Bewohnern der Casamance (Südsenegal) und der angrenzenden Waldgebiete bevorzugt werden. [16]

Im *Heiliger-Wald-Tanz* wird auch die bezeichnende Art afrikanischen choreographischen Schaffens auf einfache Weise sichtbar. Rhythmisches Klatschen wird in die Tanzbewegung integriert. Es kann in die Hände geklatscht werden, wie in diesem Tanz beim *Aufruf*, oder aber auf andere Körperteile. Das Klatschen erfüllt nicht nur die Funktion, Rhythmus zu erzeugen, sondern ist fest in den Bewegungsablauf eingebunden, so daß es Tanz und Rhythmus zu einer Einheit verbindet.

Viele Tanzformen entstehen auf der Basis von einfachen Gesten wie bei der Bewegung *Wir ermahnen uns zur Vorsicht*, bei welcher der erhobene Zeigefinger jedem deutlich macht, was gemeint ist. Mit Hilfe des Rhythmus und durch den persönlichen Ausdruck werden Gesten, seien es einfache Handgriffe oder Körperhaltungen, in Fluß gebracht und in Bewegungsabläufe transformiert. Dadurch wird die ursprüngliche Geste zwar in eine feste Form gebracht, gleichzeitig aber auch vergrößert und universell gemacht. Diese Vergrößerung wird durch die Wiederholbarkeit der Form noch unterstützt.

Der Rhythmus zu diesem Tanz wird von Cheikh mit den Bugarabu gespielt. Das sind maximal vier Trommeln, die besonders in den Waldgebieten Südsenegals (Casamance) gebräuchlich sind. Sie werden mit den Händen mehr oder weniger gleichzeitig geschlagen. Eine Notation zu erstellen, erschien uns aufgrund der Komplexität dieser Spielweise nicht sinnvoll.

Alle Bewegungsabläufe verlaufen über vier Zeiten. Als einzige Ausnahme wird die erste Bewegung *Aufruf zur Jagd* nur über zwei Zeiten getanzt. Auf spiegelbildliche Wiederholungen einzelner Bewegungsabläufe wird an entsprechender Stelle hingewiesen.

Den Rhythmus zu diesem Tanz finden Sie auf der MC von Cheikh Tidiane Niane: Traditionelle afrikanische Lieder und Rhythmen, Vol. 3.

Aufruf zur Jagd

Da dieser Bewegungsablauf nur über 2 Zeiten geht, ist es einfacher, Sie zählen die Wiederholung mit 3 und 4. So haben Sie über den ganzen Tanz durchgehend den 4er-Rhythmus.

Beginnen Sie diesen Tanz mit folgender Ausgangsposition:
Das ganze Gewicht ist auf dem rechten, leicht gebeugten Bein. Der linke Fuß berührt nur mit Zehen und Ballen den Boden und kann leicht nach vorne gesetzt sein. Die Ferse zeigt nach vorne, so daß das Knie etwas zur Seite zeigt. Das Bein ist also ausgedreht, das Knie gebeugt.

1 Das Gewicht auf das linke Bein verlagern und dabei das rechte Bein leicht nach vorne bringen. Es soll dieselbe Position einnehmen, die bei der Beschreibung der Ausgangsposition für das linke Bein angegeben wurde.
Gleichzeitig in die Hände klatschen. (1 Zeit)

2 Das Gewicht wieder auf das rechte Bein verlagern und das linke wieder nach vorne bringen. Dabei schwingen die Arme locker nach hinten. (1 Zeit)

Achten Sie darauf, daß beide Knie während des gesamten Bewegungsablaufs leicht gebeugt sind. Schleifen Sie beim Gewichtswechsel mit den Füßen über den Boden. Geben Sie Ihren Armen durch das Klatschen den Schwung nach hinten. Die tänzelnde, leichte Bewegung der Beine wirkt schnell im Gegensatz zu den ruhig schwingenden Armen.

Zählen Sie:
Gewicht auf links, rechter Fuß vor, klatschen: 1
Gewicht auf rechts, linker Fuß vor, Arme nach hinten: 2
Gewicht auf links, rechter Fuß vor, klatschen: 3
Gewicht auf rechts, linker Fuß vor, Arme nach hinten: 4

71

Kommt alle mit

3 Mit beiden Beinen gleichzeitig abspringen, dabei die Knie etwas anziehen und den Oberkörper nach vorne neigen, so daß im Sprung eine Hockstellung eingenommen wird. Wieder auf beiden Beinen gleichzeitig landen. Die Unterarme holen dabei nach vorne aus und ziehen wieder zum Körper her. Komm! (1 Zeit)

Dreimal genau zur Seite oder diagonal nach rechts springen und während des 4. Taktes eine Pause machen. Dann denselben Weg wieder zurückspringen an den Ausgangspunkt.

Versuchen Sie, beim Springen nicht Ihren ganzen Körper hoch in die Luft zu bringen, sondern ziehen Sie nur Ihre Beine zum Körper. Wenn Sie dabei Ihren Bauch einziehen, verbrauchen Sie weniger Kraft.

Zählen Sie:
Sprung: 1
Sprung: 2
Sprung: 3
Pause: 4

Wir gehen los

4 Den rechten Unterschenkel nach innen schlagen, so daß die Ferse zum linken Knie zeigt. Das linke Standbein bleibt gebeugt. Gleichzeitig beide Handflächen vor der Brust zusammenführen. (1 Zeit)

5 Dann den rechten Fuß wieder aufsetzen, den Blick nach rechts richten und beide Arme zur Seite öffnen. (1 Zeit)

Dann dieselbe Bewegung mit dem linken Bein und Blick nach links wiederholen. (2 Zeiten)

Achten Sie darauf, daß beide Knie immer leicht gebeugt sind. Dadurch können Sie das Aufsetzen des Fußes durch einen Hüftschwung betonen. Das bedeutet: rechtes Bein anheben, rechten Fuß wieder aufsetzen, Blick nach rechts und die Hüfte zur rechten Seite schwingen und wieder zur Mitte kommen.

Zählen Sie:
Rechtes Bein anheben, Handflächen zusammen: 1
Rechten Fuß aufsetzen, Arme zur Seite: 2
Linkes Bein anheben, Handflächen zusammen: 3
Linken Fuß wieder aufsetzen, Arme zur Seite: 4

6

7

Wir bitten Gott um Erfolg

6 Als Auftakt dieser Bewegungsfolge mit beiden Händen gleichzeitig seitlich gegen die Oberschenkel schlagen. (1 Zeit)

8 Dann beide Arme wieder nach unten fallen lassen und vor dem Körper kreuzen. Den Oberkörper dabei nach vorne beugen. (1 Zeit)

7 Die Arme durch den Aufprall seitlich nach oben schwingen lassen. (1 Zeit)

9 Beide Arme in dieser Richtung weiterführen und nach oben öffnen, als würden Sie sich einen Pullover über den Kopf ziehen. (1 Zeit)

74

8   **9**

Die Bewegung der Arme ist weniger anstrengend und viel schwungvoller, wenn sie durch die Körperwelle unterstützt wird. Das bedeutet: beim Auf-die-Oberschenkel-Schlagen Bauch einziehen, beim Zur-Seite-Schwingen der Arme Bauch lockerlassen, beim Arme-Kreuzen Bauch einziehen, beim Arme-Öffnen Bauch lockerlassen. Die Körperwelle wird bis in den Kopf fortgeführt.

Die beschriebene Armbewegung kann begleitet werden durch ein Gehen-auf-der-Stelle, beginnend mit dem rechten Bein.

Den Fuß nur kurz abheben und wieder aufsetzen. Diese Bewegung verläuft isoliert von der Körperwelle. Die Armbewegung ist die Hauptaktion dieses Bewegungsablaufes.

Zählen Sie:
Hände auf Oberschenkel, rechtes Bein: 1
Arme zur Seite, linkes Bein: 2
Arme nach unten und kreuzen,
rechtes Bein: 3
Arme nach oben öffnen, linkes Bein: 4

75

Wir jagen

Diese Bewegung beginnt mit einer Vierteldrehung nach rechts. Auf dem rechten Bein drehen und den linken Fuß nur leicht aufsetzen. Jetzt zeigt die linke Schulter in Tanzrichtung. Das rechte, leicht gebeugte Bein bleibt das Standbein. Gleich nach der Drehung den linken Arm nach vorne oben ausstrecken, die Handfläche nach vorne und den rechten Arm anwinkeln, die nach vorne geöffnete Handfläche in Schulternähe. Dies ist die Ausgangsposition.

10 Die linke Hüfte sehr stark zur linken Seite schieben, das Spielbein übernimmt diesen Bewegungsimpuls und schwingt locker mit. Der linke Fuß soll sich dabei nicht oder möglichst wenig vom Boden abheben. Gleichzeitig mit der Hüftbewegung die rechte Hand nach vorne und wieder zurück bewegen, als ob Sie etwas vor sich herschieben. Der linke Arm bleibt ruhig diagonal nach oben ausgestreckt. Mit Hilfe der starken Hüftbewegung auf dem Standbein langsam nach vorne rutschen. Der Blick sollte immer dem Arm folgen. (1 Zeit)
Diese Bewegung noch einmal wiederholen. (1 Zeit)

11 Nun den linken Arm nach unten ausstrecken und die Hüft- und Armbewegung des rechten Armes wiederholen. Den Blick nach unten richten. (1 Zeit)

Auch diese Bewegung noch einmal wiederholen. (1 Zeit)

Achten Sie darauf, daß das Standbein immer gebeugt ist. Dadurch erleichtern Sie sich die Hüftbewegung.

Zählen Sie:
Linker Arm oben, Hüfte und Hand seitlich schieben: 1
Linker Arm oben, Hüfte und Hand seitlich schieben: 2
Linker Arm unten, Hüfte und Hand seitlich schieben: 3
Linker Arm unten, Hüfte und Hand seitlich schieben: 4

Wir haben Beute gemacht

12 Die Bein- und Hüftbewegung bleibt gleich wie bei *Wir jagen*. Beide Arme nach oben bringen. Die Handflächen zeigen nach oben. Den Blick nach hinten, also über die rechte Schulter richten. Dabei zweimal mit der Hüfte zur Seite schieben. (2 Zeiten)

12

13 Dann beide Hände in die Hüfte stemmen und zweimal den Hüftschwung ausführen. Über die linke Schulter nach vorne in Tanzrichtung blicken. (2 Zeiten)

Beachten Sie, daß das Gewicht hauptsächlich auf dem rechten Bein bleibt und benützen Sie das linke Spielbein wirklich nur zum Spielen.

Zählen Sie:
Beide Arme oben, Hüfte seitlich schieben: 1
Beide Arme oben, Hüfte seitlich schieben: 2
Beide Arme in der Taille, Hüfte seitlich schieben: 3
Beide Arme in der Taille, Hüfte seitlich schieben: 4

13

77

14

15

Wir gehen heim

Diese Bewegung wird rückwärts getanzt an die Stelle, an der wir das *Wir jagen* begonnen haben, und zwar mit dem Körper wieder frontal zur Tanzrichtung.

14 Das linke Bein mit einer Vierteldrehung nach hinten neben das rechte Bein zurücksetzen und sofort in die erste Position dieses Bewegungsablaufes gehen, das bedeutet: rechtes Bein seitlich mit Flex (also mit stark angewinkeltem Fuß) aufsetzen und beide Arme nach hinten wegstrecken. (1 Zeit)

15 Das rechte Bein wieder neben das linke parallel zurücksetzen und die Arme vor dem Körper kreuzen. (1 Zeit)

16

16 Jetzt das gestreckte linke Bein mit Flex seitlich aufsetzen und die Arme nach hinten ausstrecken. (1 Zeit)

Dann das linke Bein wieder parallel zum rechten aufsetzen und die Unterarme vor dem Körper kreuzen. (1 Zeit)

Beugen Sie den Oberkörper nach vorne, während Sie die Arme nach hinten wegstecken. Erleichtern Sie sich die Armbewegung, indem Sie die Körperwelle besonders stark im Oberkörper ausführen. Dadurch wird die Bewegung schwungvoll. Die Betonung des Ablaufes liegt in der Position mit seitlichem Flex. Das Kreuzen der Arme dient nur zum Schwung-Holen.

Wenn Sie das Flex-Bein weit nach hinten aufsetzen, werden Sie den Oberkörper automatisch zur Seite beugen. Diese Position zeigt das Foto.
Tanzen Sie die Körperwelle im Oberkörper sehr locker und achten Sie besonders auf die Atmung. Versuchen Sie, sich bei diesem Bewegungsablauf zu entspannen, denn ab jetzt wird's etwas anstrengender.

Zählen Sie:
Rechtes Bein Flex, Arme nach hinten: 1
Rechtes Bein parallel aufsetzen,
Arme kreuzen: 2
Linkes Bein Flex, Arme nach hinten: 3
Linkes Bein parallel, Arme kreuzen: 4

17   18

Wir feiern ein Fest

17 Mit dem rechten Bein einen Ausfallschritt nach vorne machen. (1 Zeit)

18 Jetzt sehr kurz das ganze Gewicht
auf das vordere rechte Bein verlagern,
dabei das linke kurz anheben, sofort
wieder aufsetzen und abschließend
das rechte Bein zurücksetzen. Dieser
schnelle Gewichtswechsel ist auch bei
der Samba zu finden und gleicht
einem ball-change im Jazz Dance.
(1 Zeit)

Während dieser Schrittfolge mit den
Händen, Handflächen nach unten, vor
dem Körper zwei Kreise ausführen,
als ob die Hände sich wie Fahrrad-
pedale bewegen. Gleichzeitig mit dem
Ausfallschritt fährt die rechte Hand
weit nach vorne und unten Richtung
Bein und kehrt dann wieder in das
Pedalkreisen zurück.

19 Der gleiche Ablauf wird nun mit
dem linken Bein beginnend wiederholt. (2 Zeiten)

*Dieser Bewegungsablauf läßt sich ein-
facher tanzen, als es die Beschreibung ver-
muten läßt. Versuchen Sie es einfach!*

80

Die Betonung des Ablaufes liegt auf dem Ausfallschritt, der durch die Armbewegung verstärkt wird. Bewegen Sie sich kraftvoll nach vorne und drehen Sie den Fuß des vorderen Beines etwas ein, damit Sie den Schwung besser abfangen können.

Zählen Sie:
Rechtes Bein nach vorne, rechte Hand nach vorne: 1
Gewichtswechsel, rechtes Bein zurück: 2
Linkes Bein nach vorne, linke Hand nach vorne: 3
Gewichtswechsel, linkes Bein zurück: 4

20 Der Übergang zur nächsten Bewegung muß in der letzten Folge dieses Bewegungsablaufes vorbereitet werden. Tanzen Sie die Takte 1 und 2 wie beschrieben und verharren Sie bei 3 und 4 mit zur Seite ausgebreiteten Armen und sicherem Stand.

21   22

Wir feiern und freuen uns

21 Das rechte Knie nach oben ziehen und mit dem linken Ellenbogen zusammenbringen. (1 Zeit)

22 Dann wieder auf beiden Beinen stehen und die Arme ausbreiten. (1 Zeit)

23

23 Jetzt das linke Knie hochziehen und mit dem rechten Ellenbogen zusammenbringen. (1 Zeit)

Dann wieder auf beide Beine stehen und die Arme ausbreiten. (1 Zeit)

Beugen Sie sich nicht zum Knie herunter, sondern bleiben Sie aufrecht und bringen Sie das Knie so weit wie möglich nach oben. Behalten Sie immer einen guten Kontakt zum Boden, obwohl Sie das Knie sehr schnell nach oben bewegen.

Tanzen Sie sehr schwungvoll und unterstützen Sie die Bewegung durch kräftiges Federn. In die stabile Position, bei der Sie auf beiden Beinen stehen, können Sie richtig hineinspringen.

Zählen Sie:
Rechtes Knie und linker Ellenbogen: 1
Beide Beine und Arme seitlich: 2
Linkes Knie und rechter Ellenbogen: 3
Beide Beine und Arme seitlich: 4

Wir feiern und freuen uns

Drehung

Dieser Bewegungsablauf kann durch eine ganze Drehung ergänzt werden.
Takte 1 und 2 wie beschrieben tanzen.
(2 Zeiten)

24 **25** Dann auf dem rechten Bein stehend nach links (also nach hinten) eine ganze Drehung ausführen, dabei die Arme zum Körper herziehen. (1 Zeit)

Wieder mit beiden Beinen aufkommen und Arme seitlich ausbreiten. (1 Zeit)

Während der Drehung können Sie das linke Bein anziehen oder den Unterschenkel nach hinten abwinkeln. Bringen Sie beim Drehen Ihre Körpermitte nach oben und halten Sie Ihren Körper gerade aufgerichtet. So können Sie korrekt und vor allem schnell drehen. Das Hochziehen des Knies und die Drehung sind schnell, das Zurückkehren zum Boden ist betont.

Zählen Sie:
Rechtes Knie und linker Ellenbogen: 1
Beide Beine und Arme ausgebreitet: 2
Drehung: 3
Beide Beine und Arme ausgebreitet: 4

Wir ruhen uns aus

26 Das rechte Bein beginnt mit einem Schritt diagonal nach rechts. Gleichzeitig schwingen die Arme seitlich am Körper nach hinten. (1 Zeit)

Dann folgt ein Schritt mit dem linken Bein in die gleiche Richtung. (1 Zeit)

27 Jetzt wieder einen Schritt mit dem rechten Bein ebenfalls diagonal nach rechts gehen und abschließend auf den Zehenspitzen stehen. Die Arme schwingen dabei von hinten seitlich am Körper vorbei nach oben. (1 Zeit)

In dieser Position bleiben. (1 Zeit)

Nun folgt der gleiche Ablauf, beginnend mit dem linken Bein diagonal nach links.

Ziehen Sie beim Vorwärtsgehen die Knie etwas an und machen Sie die Schritte ganz präzise. Das Schwingen der Arme dagegen ist flüssig und wie eine Welle auf und ab wogend. Beachten Sie auch hier die Betonung nach oben.

Zählen Sie:
Schritt rechts und Arme nach hinten: 1
Schritt links: 2
Schritt rechts und Arme nach oben: 3
Position halten: 4
Schritt links und Arme nach hinten: 1 usw.

85

28

29

Wir sind zufrieden

Die Schrittfolge bleibt unverändert (wie bei *Wir ruhen uns aus*): rechts, links, rechts, Pause, links, rechts, links, Pause. Die Schritte werden bei diesem Bewegungsablauf jedoch auf der Stelle ausgeführt.

28 Einen Schritt rechts und gleichzeitig mit der linken Hand zur Seite ausholen und sie abschließend zum Brustbein führen. (1 Zeit)

29 Einen Schritt links und gleichzeitig die rechte Hand zum Brustbein führen. (1 Zeit)

30

30 Einen Schritt rechts und dabei den linken Arm im Bogen über den Kopf bringen. (1 Zeit)

In dieser Position bleiben. (1 Zeit)

Denselben Ablauf jetzt mit dem linken Bein und dem rechten Arm beginnen.

Holen Sie mit dem Arm kräftig von hinten nach vorne aus, als ob Sie etwas zu sich herschaufeln wollten. Verstärken Sie diese Bewegung, indem Sie sich mit dem Oberkörper zur Seite drehen. Führen Sie die aufeinanderfolgenden Armbewegungen kontinuierlich aus, so daß sich der Oberkörper in einer ständigen seitlichen Rotation befindet.

Zählen Sie:
Rechtes Bein und linker Arm: 1
Linkes Bein und rechter Arm: 2
Rechtes Bein und linker Arm oben: 3
Position halten: 4
Linkes Bein und rechter Arm: 1 usw.

31

32

Wir sind glücklich

31 **32** Das rechte Bein anheben und wieder aufsetzen. Gleichzeitig mit beiden Händen vor dem Körper einen Kreis beschreiben, und zwar vom Körper weg nach unten, so daß sich das Bein zwischen den Händen bewegt und dann wieder zum Körper zurück. (1 Zeit)

33 Jetzt das linke Bein anheben und wieder aufsetzen. Gleichzeitig die oben beschriebene Armbewegung ausführen. (1 Zeit)

Wieder das rechte Bein anheben und aufsetzen und die beschriebene Armbewegung ausführen. (1 Zeit)
Diese Bewegung noch einmal mit dem rechten Bein wiederholen. (1 Zeit)

33

Nun beginnt der gesamte Bewegungsablauf mit dem linken Bein.
Kurz beschrieben bedeutet dies:

rechts – links – rechts – rechts,
links – rechts – links – links.

*Bei dieser Beinbewegung sollten sie nicht
das Knie zum Körper hochziehen, sondern
das leicht abgewinkelte Bein nach vorne
hochheben und den Oberkörper beugen.
Dies erfordert einige Übung und Kondition, vor allem in dem vorgegebenen
schnellen Tempo.*

Zählen Sie:
Rechtes Bein und beide Arme: 1
Linkes Bein und beide Arme: 2
Rechtes Bein und beide Arme: 3
Rechtes Bein und beide Arme: 4
Linkes Bein und beide Arme: 1 usw.

34

Wir ermahnen zur Vorsicht

34 Rechtes Knie hochziehen und dabei den Oberkörper nach rechts drehen. Mit erhobenem Zeigefinger zur rechten Seite zeigen, dabei berührt der Ellenbogen fast das rechte Knie. (1 Zeit)

Das rechte Bein wieder parallel setzen und den rechten Arm fallen lassen. (1 Zeit)

Jetzt die gleiche Bewegung mit dem linken Bein und linken Arm ausführen. (2 Zeiten)

Zählen Sie:
Rechtes Bein und rechter Arm: 1
Beide Beine: 2
Linkes Bein und linker Arm: 3
Beide Beine: 4

Der Tanz endet bei Takt 3. Wer kann in dieser Position ruhig stehen bleiben?

90

Hochzeitstanz

"Bei mir zu Hause ist eine Hochzeit ein großes Fest und dauert mindestens drei Tage," meint Cheikh. Das ganze Dorf ist geladen, und alle Frauen der Verwandtschaft sind schon Tage vorher mit den Vorbereitungen beschäftigt. Bei den Hochzeitsgaben und Geschenken versucht man sich gegenseitig zu überbieten, und an Speisen und Getränken darf nicht gespart werden. Mit bestimmten Trommelrhythmen wird das Fest eröffnet, und die Trommeln zeigen ebenfalls das Ende der Feierlichkeiten an.

Bei einem solchen Fest hat der Griote seinen großen Auftritt. Hier, vor wohlgelauntem Publikum, kann er seine Späße machen, in Lieder verpackte Moralpredigten halten und zu später Stunde über die Heldentaten vergangener Herrscher berichten. Bei einem solchen Anlaß darf er auf die Spendierfreudigkeit der Gastgeber und Gäste hoffen, die ihre Begeisterung zeigen, indem sie ihm Geldscheine zustecken.

Zu den Zeiten der großen Fürstentümer und Königreiche sprach der Herrscher durch einen Sprecher, einen Grioten, zu seinem Volk oder ließ Nachrichten und Wünsche durch seinen Grioten einem anderen Herrscher überbringen. Dieser wiederum empfing den Grioten nicht persönlich, sondern ebenfalls durch seinen Sprecher. Eine solche Begegnung zweier Grioten begann mit den Lob- und Preisreden auf den Herrscher des Gesprächspartners und endeten mit den Ehrungen des eigenen Herrn. Diese Höflichkeiten dauerten endlos lange, bis beide Seiten bereit waren, zum eigentlichen Thema zu kommen.

Ebenso war es die Aufgabe des Grioten, den Herrscher bei öffentlichen Auftritten durch Gedichte und Lieder zu ehren. Im Wechselgesang des Liedes wurden alle Anwesenden an diesen Lobgesängen beteiligt. Um einen solchen Wechselgesang handelt es sich beim folgenden Hochzeitslied. Jede Strophe beginnt und endet mit einer Ehrung an den Herrscher, die dadurch den eigentlichen Text umrahmt.

Der Text des Liedes ist aus dem Malinke übertragen, einem Dialekt des gleichnamigen Stammes, der im südwestlichen Senegal und in Mali lebt. Die Griots der Malinke sind berühmt für ihre Redegewandtheit, ihre Vorträge und Lieder. Sie sind weit über ihren Kulturkreis hinaus bekannt. An ihrem besonderen Sprachstil werden sie von Kennern sofort erkannt. In der bildhaften Sprache der Malinke-Griots wird der König in diesem Lied als Elefanten-Herrscher bezeichnet. Und zwar deshalb, weil der Elefant der Herr des Busches ist und Macht, Kraft und Reichtum symbolisiert. [17].

Wollaibo massaja   Wir schwören dem König
nienkalibi illah illah   doch Gott ist der Größte
simbo massaja   Elefanten - Herrscher
eh - djalli - ah   Eh - Griote - ah

Wollaibo massaja   Wir schwören dem König
Dogo mina dogo tigila   Wir wollen ihm huldigen auf dem Festplatz
Simbo massaja   Elefanten - Herrscher
eh - djalli - ah   Eh - Griote - eh

Wollaibo massaja   Wir schwören dem König
Djalli mina djalli tigila   Der Griote singt dort, wo er belohnt wird
simbo massaja   Elefanten - Herrscher
eh - ja - eh   Eh - ja - eh

Wollaibo massaja   Wir schwören dem König
Muso mina jeba colona   Mann, so anerkenne auch du den Wert deiner Frau
simbo massaja   Elefanten - Herrscher
eh - massaja   Eh - Herrscher

Djembe
Tempo ≈ 135

r   l   r   l   r   l   r   r   l

Dung Dung

bzw   bzw

Der Hochzeitstanz stellt durch die Reihenfolge der Tanzbewegungen den Ablauf der Feier dar und zeigt im Tanz die Gefühle, welche die Menschen bei einem wichtigen Fest bewegen. Bevor das Hochzeitsfest beginnt, werden Unmengen von Speisen gekocht, an denen sich die vielen Hochzeitsgäste über einige Tage ergötzen. An mehreren Feuerstellen wird das Essen gekocht. Das *Feuer machen* stellt im Tanz die Vorbereitungen für das Fest dar. Die Gäste kommen und beehren das Hochzeitspaar und die Verwandten und klatschen freudig zur *Gratulation*. Sie *überreichen die Geschenke* und zeigen damit ihre Wertschätzung für den Gastgeber und ihre eigene Großzügigkeit. Das Hergeben und die Bitte um die Großzügigkeit Gottes sind eins. Dann nehmen sich alle Gäste viel Zeit für die *Begrüßung der Hochzeitsgesellschaft*.

Die *Aufforderung zum Tanz* ergeht an alle, und der *Rhythmus der Trommel* ruft. Im Solotanz hat jeder Gast Gelegenheit, seine Gefühle im Tanz zu erleben, und er kann außerdem *das schöne Gewand präsentieren*. Ein großes Fest ist vor allem für die Frauen Anlaß, sich in ihren schönsten Boubous zu zeigen. Dieses weite Gewand kommt beim Tanzen besonders zu Geltung, wenn die Tänzer die Arme weit ausbreiten.

Im Tanz werden noch einmal die *Wünsche von ganzem Herzen* ausgedrückt. Das *Gebet* und *Hoffnung, Freiheit* und *Freude* sind Gefühle, die in Bewegungen erlebt werden. Die *Rückkehr zur Erde* beendet die Reise durch die Gefühlswelt. Die Verbindung von *Himmel und Erde* stellt den allumfassenden Zusammenhang dar. Alles Leben wird gespendet von Gott, und die Menschen empfangen es durch die Erde.

Die Bewegungen dieses Tanzes sind sehr stark beeinflußt von den ausdrucksvollen Armbewegungen und extremen Kopfisolationen, die besonders den Tanzstil der Malinke kennzeichnen. Durch die verschiedenen Variationen von Drehungen und Sprüngen, erfordert dieser Tanz ein bestimmtes Maß an technischen

Bewegungsqualitäten. In Verbindung mit wenigen über mehrere Bewegungsabläufe durchgängigen Schrittfolgen hat Cheikh mit dem Hochzeitstanz eine Choreographie zusammengestellt, die sehr anspruchsvoll ist und von ihm auch nur in Kursen für Fortgeschrittene unterrichtet wird.

Diese Maßstäbe beziehen sich auf die im folgenden beschriebene Choreographie. Das sollte Sie jedoch nicht davon abhalten, sich trotzdem an diesen Tanz zu wagen. Er bietet trotz der hohen Ansprüche viele Variationsmöglichkeiten, und beim genauen Ausprobieren werden Sie bemerken, daß er sich problemlos "entschärfen" läßt und einzelne Bewegungsabläufe durchaus die Möglichkeit bieten, sie genau dem Niveau Ihrer Tanzgruppe anzupassen.

Gerade Drehungen sind für AnfängerInnen meist technisch noch nicht zu bewältigen und erfordern zudem ein hohes Maß an Orientierung. Alle beschriebenen Bewegungsabläufe können auch ohne die Drehungen, seien es ganze, halbe oder Vierteldrehungen, genauso durchgängig getanzt werden. Es bietet sich auch die Möglichkeit, die Drehung nicht in jeden Bewegungsablauf zu integrieren, sondern nur einmal als Abschluß vor dem Wechsel zur nächsten Bewegung. Ebenso können sämtliche Bewegungsabläufe mit Sprüngen auch ohne diese getanzt werden, ohne daß dies zu Problemen mit dem Rhythmus führt. Aufgrund dieser Flexibilität bieten sich diese Bewegungsabläufe auch besonders für den Unterricht mit Tanzgruppen an, in denen der Erfahrungsgrad der TeilnehmerInnen sehr unterschiedlich ist.

Die vielfältigen, großzügigen Armbewegungen können problemlos mit einfacheren oder durchlaufenden Beinbewegungen kombiniert werden und bieten so die Möglichkeit für das Erstellen von einfacher strukturierten Bewegungsfolgen, oder sie können die Grundlage für eigene kreative Weiterentwicklung sein.

Der Hochzeitstanz besteht aus Bewegungsabläufen mit vier, acht und 16 Zeiten. Auf spiegelbildliche Wiederholungen einzelner Bewegungsabläufe wird an entsprechender Stelle hingewiesen. Im Kreis getanzt kommt diese Choreographie besonders gut zur Geltung.

Den Rhythmus zu diesem Tanz finden Sie auf der MC von Cheikh Tidiane Niane: Traditionelle afrikanische Lieder und Rhythmen, Vol. 2.

Feuer machen

1 Das gestreckte rechte Bein mit Flex (also mit stark angewinkeltem Fuß) zur rechten Seite aufsetzen. Das Gewicht bleibt auf dem linken Bein. Den Oberkörper nach rechts drehen und beide Arme nach oben werfen. (1 Zeit)

2 Das rechte Bein wieder parallel setzen und beide Arme fallen lassen, die Hände zu den Oberschenkeln. Den Oberkörper leicht nach vorne beugen. Beide Knie sind leicht gebeugt. (1 Zeit)

3

3 Die Beine bleiben in paralleler Position. Die Arme noch einmal nach oben werfen. Dabei den linken Fuß kurz anheben und wieder aufsetzen. (1 Zeit) Beide Arme wieder fallen lassen. Dabei den rechten Fuß kurz anheben und wieder aufsetzen. (1 Zeit)

Den gleichen Bewegungsablauf jetzt spiegelbildlich zur anderen Seite beginnen, also linkes Bein zur linken Seite usw.

Die Beinbewegung gleicht zwei kleinen Schritten auf der Stelle. Heben Sie den Fuß nur kurz vom Boden ab. Entscheidend ist die Gewichtsverlagerung. Die Arme immer in gleichem Abstand nebeneinander bewegen. Stellen Sie sich vor, Sie bewegen ein Tuch vor sich auf und ab, um damit einem Feuer Luft zuzufächeln.

Zählen Sie:
Rechtes Bein seitlich und Arme oben: 1
Beine parallel und Arme unten: 2
Linker Fuß und Arme oben: 3
Rechter Fuß und Arme unten: 4
Linkes Bein seitlich und Arme oben: 1
usw.

4

Gratulation

Dieser Bewegungsablauf geht über 16 Zeiten. Er ist unterteilt in einzelne Bewegungsabschnitte mit 4 Zeiten, die sich innerhalb des gesamten Ablaufes zum Teil wiederholen. Deshalb ist es sinnvoll, immer nur bis 4 zu zählen.

4 Das rechte Bein zur rechten Seite setzen und dabei tief in die Knie gehen. Den Oberkörper nach vorne beugen und die Arme nach hinten strecken. Den Blick nach vorne richten, den Kopf im Nacken. (1 Zeit)

5

5 Das linke Bein zum rechten schließen, den Oberkörper leicht aufrichten und beide Hände dicht beieinander vor dem Oberkörper halten, die Handflächen nach oben. Der Blick ist jetzt nach unten auf die Hände gerichtet. (1 Zeit)

Wieder mit dem rechten Bein zur rechten Seite beginnen und diesen Bewegungs-ablauf noch einmal wiederholen. (2 Zeiten)

Die Tanzrichtung ist genau zur rechten bzw. zur linken Seite.

Erleichtern Sie sich diese Bewegung, indem Sie bewußt mit dem Bauch arbeiten. Bei "Arme nach hinten – Kopf im Nacken" den Bauch locker lassen, bei anschließendem "Arme nach vorne – Blick nach unten" den Bauch einziehen.

Zählen Sie:
Rechtes Bein zur Seite und Arme nach hinten: 1
Linkes Bein zum rechten und Arme vorn: 2
Rechtes Bein zur Seite und Arme nach hinten: 3
Linkes Bein zum rechten und Arme vorn: 4

Diesen Bewegungsabschnitt, beginnend mit dem linken Bein zur linken Seite wiederholen. (4 Zeiten)

Den gleichen Bewegungsabschnitt, beginnend mit dem rechten Bein zur rechten Seite noch einmal wiederholen. (4 Zeiten)

Bis jetzt haben Sie drei Abschnitte mit je vier Zeiten, insgesamt also zwölf Zeiten getanzt!

6

7

Der Abschluß dieses Bewegungsablaufes, die letzten 4 Zeiten, werden wie folgt getanzt:

6 Mit beiden Beinen gleichzeitig vom Boden abspringen, dabei die Unterschenkel hinten hochschlagen. Im Sprung den Oberkörper nach rechts drehen und mit beiden Armen einen ganzen Armkreis nach hinten ausführen. (1 Zeit)

7 Nach dem Aufkommen abschließend vor dem Körper, genau nach rechts ausgerichtet, zweimal in die Hände klatschen. (1 Zeit)

8 **9** Wieder hochspringen, den Oberkörper gleichzeitig mit dem Armkreis nach hinten zur linken Seite drehen und, genau zur linken Seite ausgerichtet, zweimal in die Hände klatschen. (2 Zeiten)

100

8

9

Den gesamten Bewegungsablauf über 4 mal 4 Zeiten jetzt spiegelbildlich zur anderen Seite beginnen, also linkes Bein zur linken Seite usw.

Beenden Sie den Sprung und klatschen Sie erst, nachdem Sie richtig aufgekommen sind. Halten Sie die Knie während des Klatschens gebeugt. Aus dieser Stellung heraus können Sie direkt wieder hochspringen.

Zählen Sie:
Sprung und Armkreis über hinten: 1
Zweimal klatschen rechts: 2
Sprung und Armkreis über hinten: 3
Zweimal klatschen links: 4

Zählen Sie in Kurzfassung alle 16 Zeiten:
Rechtes Bein beginnt zur rechten Seite usw.: 4 Zeiten
Linkes Bein beginnt zur linken Seite usw.: 4 Zeiten
Rechtes Bein beginnt zur rechten Seite usw.: 4 Zeiten
Sprung und klatschen rechts – Sprung und klatschen links: 4 Zeiten

101

Geschenke überreichen

Achtung, diese Bewegung beginnt ausnahmsweise mit dem linken Bein!

10 Mit dem linken Bein einen Schritt nach vorne und gleichzeitig eine Vierteldrehung nach rechts machen. Beide Hände an die rechte Hüfte legen und dabei den Oberkörper nach vorne beugen. (1 Zeit)

11 Das rechte Bein zum linken schließen und beide Arme, die Handflächen nach oben, zur linken Seite ausstrecken. Den Oberkörper dabei aufrichten und auf die Hände blicken. (1 Zeit)

12 Das linke Bein zur Seite setzen und dabei wieder beide Hände an die rechte Hüfte legen und den Oberkörper nach vorne beugen. (1 Zeit)

13 Das rechte Bein schließt wieder zum linken Bein mit einer halben Drehung nach links. Die Arme dabei nach oben werfen. (1 Zeit)

Den gesamten Bewegungsablauf jetzt spiegelbildlich zur linken Seite orientiert tanzen und mit dem rechten Bein beginnen.

Durch die Vierteldrehung am Anfang bewegen Sie sich seitlich, und zwar zuerst mit Blick zur rechten Seite. Durch die halbe Drehung, die diesen Bewegungsablauf beendet, bewegen Sie sich während des folgenden Ablaufes zur linken Seite orientiert weiter. Die Tanzrichtung ist jedoch genau nach vorne.

Zählen Sie:
Linkes Bein und Hände an rechte Hüfte: 1
Rechtes Bein zum linken und Arme strecken: 2
Linkes Bein und Hände an rechte Hüfte: 3
Rechtes Bein zum linken und Hände nach oben: 4
Rechtes Bein und Hände an linke Hüfte: 1 usw.

Sie beenden den letzten Bewegungsablauf vor dem Übergang zur nächsten Bewegung mit 4 Zeiten, die Sie zur linken Seite ausgerichtet tanzen. Diese 4 Zeiten schließen Sie, wie beschrieben, mit einer halben Drehung nach rechts ab. Jetzt sind Sie wieder zur rechten Seite orientiert und befinden sich schon in der Ausgangsposition für die folgende Bewegung *Begrüßung der Hochzeitsgesellschaft.*

14 **15**

Begrüßung der Hochzeitsgesellschaft

14 Weiterhin zur rechten Seite orientiert bleiben. Mit dem rechten Fuß einmal auftreten. Dabei die Arme direkt zur Seite ausbreiten.

15 Die Arme sofort wieder vor den Körper bringen, und zwar so, daß die Handflächen zum Körper zeigen und sich die Unterarme im Bereich der Handgelenke kreuzen. Das bedeutet also: Bein anziehen – Arme öffnen, mit dem Fuß auftreten – Arme kreuzen. (1 Zeit)

Mit dem linken Bein einmal auftreten und die Arme wieder zur Seite ausbreiten. Achtung, nur ausbreiten! (1 Zeit)

16

Die Bewegung "mit dem Fuß auftreten" wird im Kapitel Am Puls des Lebendigen, *Beispiel 5, S.44   ausführlich beschrieben.*

Da die einzelnen Bewegungseinheiten und der Takt nicht durchgehend gleich verlaufen, ist diese Bewegung nicht ganz so einfach. Helfen Sie sich, indem sie den Auftakt der ersten Zeit mitzählen. Zählen Sie: und 1(Arme ausbreiten: und Arme kreuzen: 1)

16 Mit dem rechten Bein einmal auftreten und die Arme wieder kreuzen. Dabei abschließend, sobald der rechte Fuß auf dem Boden aufgesetzt hat, auf beiden Ballen mit einer halben Drehung zur linken Seite drehen. (1 Zeit)

In dieser Position verweilen. (1 Zeit)

Den gesamten Bewegungsablauf jetzt zur linken Seite orientiert tanzen und mit dem linken Bein beginnen.

Zählen Sie:
Rechtes Bein, Arme ausbreiten und kreuzen: 1
Linkes Bein und Arme ausbreiten: 2
Rechtes Bein und Arme kreuzen und drehen: 3
Verweilen: 4

Sie beenden diesen Bewegungsablauf mit 4 Zeiten, die Sie zur linken Seite orientiert tanzen. Diese 4 Zeiten schließen Sie nur mit einer Vierteldrehung ab, so daß Sie wieder mit dem Blick nach vorne gerichtet sind. Sie befinden sich jetzt in der Ausgangsposition für die folgende Bewegung *Aufforderung zum Tanz.*

Aufforderung zum Tanz

17 Ausgangsposition:
Beide Hände vor der Brust halten, die Fingerspitzen berühren das Brustbein.

18 Mit dem rechten Fuß zweimal auftreten und gleichzeitig mit dem rechten, leicht angewinkelten Arm zweimal einen Kreis von hinten nach vorne beschreiben. Nach dem zweiten Kreis kehrt die Hand wieder zum Brustbein zurück. (2 Zeiten)

19

19 Diese Bewegung mit dem linken Fuß und dem linken Arm wiederholen. (2 Zeiten)

Denken Sie an die Körperwelle und verstärken Sie diese im Brustkorbbereich. Der Impuls der Armbewegung kommt aus der Brustkorbrotation über die Schulter in den Arm. Die Armbewegung gleicht einem Schaufeln von hinten nach vorne.

Indem Sie den Fuß immer leicht nach vorne aufsetzen, bewegen Sie sich langsam vorwärts.

Zählen Sie:
Rechtes Bein und rechter Armkreis: 1
Rechtes Bein und rechter Armkreis: 2
Linkes Bein und linker Armkreis: 3
Linkes Bein und linker Armkreis: 4

Der Rhythmus der Trommel

Ausgangsposition:
Die Arme ausgestreckt, waagrecht nach vorne halten.

20 Mit dem rechten Fuß einmal auftreten. Dabei mit dem rechten gestreckten Arm nach oben ausholen und in Richtung Boden schlagen. Fuß und Arm gehen also gleichzeitig betont nach unten. (1 Zeit)

21 Mit dem rechten Arm, wie durch einen Gegenschlag, einen Kreis über oben, hinten und wieder in Ausgangsposition ausführen. Dabei noch einmal mit dem rechten Fuß auftreten. Mit dem Blick dem Armkreis folgen. (1 Zeit)

Diese Bewegung mit dem linken Bein und dem linken Arm wiederholen. (2 Zeiten)

Bei dieser Bewegung können Sie sich ebenfalls langsam vorwärts bewegen.

Zählen Sie:
Rechtes Bein und rechter Arm nach unten: 1
Rechtes Bein und rechter Arm kreist: 2
Linkes Bein und linker Arm nach unten: 3
Linkes Bein und linker Arm kreist: 4

Das schöne Gewand präsentieren

22 Mit dem rechten Bein einen Schritt nach vorne und gleichzeitig eine Vierteldrehung zur linken Seite machen. Die Arme genau zu beiden Seiten ausstrecken. (2 Zeiten)

22

23 Mit dem linken Bein einen Schritt nach vorne und gleichzeitig eine halbe Drehung zur rechten Seite machen. (2 Zeiten)

Versuchen Sie die beschriebene Drehung hauptsächlich in einer Zeit zu machen und in der zweiten Zeit nur mit dem nach vorne aufgesetzten Fuß etwas nachzufedern.

Dann aufeinanderfolgend drei halbe Drehungen tanzen, zuerst mit dem rechten Bein nach vorne und eine halbe Drehung zur linken Seite, dann mit dem linken Bein nach vorne und eine halbe Drehung zur rechten Seite und abschließend noch einmal mit dem rechten Bein nach vorne und eine halbe Drehung zur linken Seite. (3 Zeiten)

In der Endposition verweilen. (1 Zeit)

Den gesamten Bewegungsablauf über 8 Zeiten jetzt spiegelbildlich mit dem linken Bein nach vorne und einer halben Drehung zur rechten Seite beginnen.

Die Arme sollten während des ganzen Bewegungsablaufs immer genau zu beiden Seiten ausgestreckt bleiben.
Obwohl diese Schritte raumgreifender sind und nicht so sehr an das "Mit-dem-Fuß-Auftreten" erinnern, sind die Knie immer leicht gebeugt und federn in der Bewegung mit. Das Bein, welches sich nach vorne bewegt, kann bei der Drehung abgewinkelt werden.

24 Wenn Sie diesen Bewegungsablauf gut beherrschen, können Sie ruhig etwas übermütig werden und die letzten drei aufeinanderfolgenden halben Drehungen kraftvoll springen.

24

Zählen Sie:
Rechtes Bein und Drehung zur linken Seite: 1, 2
Linkes Bein und Drehung zur rechten Seite: 3, 4
Rechtes Bein und Drehung zur linken Seite: 1
Linkes Bein und Drehung zur rechten Seite: 2
Rechtes Bein und Drehung zur linken Seite: 3
In Endposition verweilen: 4
Linkes Bein und Drehung zur rechten Seite: 1 usw.

25   26

Wünsche von ganzem Herzen

25 **26** **27** Mit dem rechten Fuß auftreten und gleichzeitig den linken Arm zur rechten Seite ausstrecken. Der Blick folgt der Armbewegung. (2 Zeiten)

Die gleiche Bewegung noch einmal wiederholen. (2 Zeiten)

Den gleichen Bewegungsablauf jetzt spiegelbildlich zur anderen Seite beginnen, also linkes Bein und rechter Arm zur linken Seite usw.

27

Beginnen Sie die Armbewegung mit einem kleinen Bogen der Hand vor dem Brustkorb, von unten nach oben und dann weiter zur Seite. Tanzen Sie das Ausholen der Hand vor dem Brustkorb und das gleichzeitige Anziehen des Beines schnell, das Zurückkehren des Fußes auf den Boden und das Ausstrecken des Armes dagegen langsam und betont.
Bei dieser Bewegung haben Sie viel Zeit, die Körperwelle genußvoll zu tanzen. Lassen Sie auch den Kopf locker mit der Welle mitlaufen.

Zählen Sie:
Rechtes Bein und linker Arm zur rechten Seite: 1, 2
Rechtes Bein und linker Arm zur rechten Seite: 3, 4
Linkes Bein und rechter Arm zur linken Seite: 1 usw.

113

28

29

Gebet

28 **29** Mit dem rechten Bein und dem rechten Arm die gleiche Bewegung ausführen, wie es bei der Bewegung *Wünsche von ganzem Herzen* beschrieben ist, und zwar nur einmal zur rechten Seite. (2 Zeiten)

30   **31**

30 **31** Mit dem linken Bein und
dem linken Arm auch nur einmal zur
linken Seite. (2 Zeiten)

32

33

32 Beide Hände zum Brustkorb bringen, dabei den Bauch einziehen, den Brustkorb nach hinten und den Kopf nach unten bringen. Dann beide Hände schnell nach vorne werfen, dabei den Bauch locker lassen und Kopf leicht nach hinten werfen. (1 Zeit)

33 Den Oberkörper nach vorne fallen lassen und die Hände auf die Knie stützen. (1 Zeit)

34

34 Jetzt nur noch den Kopf heben und dabei den Bauch locker lassen. (1 Zeit)

In dieser Position verweilen. (1 Zeit)

Bei diesem Bewegungsabschnitt sollten Sie die Knie besonders stark beugen. Sie erleichtern sich dadurch die Wellenbewegung des Rumpfes.

Zählen Sie:
Rechtes Bein und rechter Arm: 1, 2
Linkes Bein und linker Arm: 3, 4
Beide Arme nach vorne: 1
Oberkörper nach unten: 2
Kopf hoch: 3
Verweilen: 4

117

Hoffnung

35 Den rechten Fuß kurz anheben und wieder aufsetzen. Gleichzeitig mit dem rechten Arm einen Halbkreis zur Seite und nach oben ausführen und abschließend den Arm abgewinkelt vor den Brustkorb bringen. (1 Zeit)

36 Den linken Fuß kurz anheben und wieder aufsetzen. Dabei beide Arme nach oben schwingen. Die Hände sind locker, und der Kopf fällt nach vorne. (1 Zeit)

37

Denselben Bewegungsablauf jetzt spiegelbildlich beginnen, also linkes Bein und linker Arm vor die Brust usw.

Die Beine bewegen sich dadurch immer im Wechsel: rechts – links – rechts – Pause – links – rechts – links – Pause – rechts usw.

Die Beinbewegung gleicht drei kleinen Schritten auf der Stelle. Der Fuß hebt kaum vom Boden ab. Für das Tanzgefühl ist der Gewichtswechsel, der dadurch entsteht, entscheidend. Konzentrieren Sie sich auf die raumgreifenden Armbewegungen. Führen Sie die extremen Kopfisolationen zunächst vorsichtig aus.

37 Noch einmal den rechten Fuß kurz anheben und wieder aufsetzen. Gleichzeitig beide Arme gestreckt nach unten und leicht nach hinten bringen. Der Kopf fällt dabei in den Nacken. (1 Zeit)
In dieser Position verweilen. (1 Zeit)

Zählen Sie:
Rechter Fuß und rechter Arm vor die Brust: 1
Linker Fuß und beide Arme oben: 2
Rechter Fuß und beide Arme unten: 3
Verweilen: 4
Linker Fuß und linker Arm vor die Brust: 1 usw.

119

38

Freiheit

38 **39** Mit dem rechten Fuß auftreten, und gleichzeitig mit der rechten Hand über der Hüfte einen kleinen Kreis ausführen und dann den Arm genau zur Seite ausstrecken. Der Blick folgt der Hand. (2 Zeiten) Die gleiche Bewegung jetzt mit dem linken Bein und dem linken Arm tanzen. (2 Zeiten)

39

Die Betonung dieser Bewegung liegt im Aufsetzen des Fußes und gleichzeitigen Ausstrecken der Hand.
Stellen Sie sich vor, daß Sie etwas auf der flachen Hand hinter dem Rücken halten und es dann genau zur Seite hin vorzeigen, ohne daß es herunter fällt. Bewegen Sie den Arm trotz dieser Vorstellung sehr frei.

Zählen Sie:
Rechtes Bein und rechter Arm: 1, 2
Linkes Bein und linker Arm: 3, 4

Freiheit und Freude

Die Bewegung *Freiheit* kann noch zum Sprung gesteigert werden.

Die Armbewegung ist genau gleich wie bei der Bewegung *Freiheit*.
Der Sprung ist ähnlich einem Pferdchensprung, er wird jedoch zur Seite gesprungen.

40 Zur rechten Seite auf das rechte Bein springen und im Sprung das Knie stark anziehen. Dann sofort das linke Bein auf die gleiche Weise nachfolgen lassen. (Dieser Moment ist im Foto festgehalten) Anschließend das Ausstrecken des Armes beenden. (2 Zeiten)

Der Sprung wird mit dem linken Bein beginnend zur linken Seite wiederholt. (2 Zeiten)

Während des Aufsetzens des nachfolgenden Beines kann eine starke Kopfisolation nach hinten ausgeführt werden. Versuchen Sie diese Isolation erst dann zu tanzen, wenn Sie den Sprung gut beherrschen!
Springen Sie schnell und nehmen Sie sich Zeit für das seitliche Ausstrecken des Armes. So entsteht die gleiche Betonung des Bewegungsablaufs wie bei der Bewegung Freiheit.

Zählen Sie:
Sprung mit rechtem Bein beginnen und rechter Arm. 1, 2
Sprung mit linkem Bein beginnen und linker Arm: 3, 4

41

42

Rückkehr zur Erde

Achtung, diese Bewegung beginnt ausnahmsweise mit dem linken Bein!

41 Den Oberkörper stark nach vorne beugen und gleichzeitig beide Hände zur rechten Seite an Taille und Rücken legen. Dazu mit dem linken Bein einen kleinen Schritt zur linken Seite machen. (1 Zeit)

42 Beide Arme nach vorne werfen und dabei das rechte Bein in Richtung zum linken Bein nachsetzen. (1 Zeit)
Wieder beide Hände zur rechten Seite und mit dem linken Bein einen kleinen Schritt zur linken Seite machen. (1 Zeit)
Jetzt nur beide Arme nach vorne werfen. Die Beine bewegen sich nicht! (1 Zeit)

Den gesamten Bewegungsablauf jetzt spiegelbildlich zur anderen Seite tanzen, also beide Hände an die linke Körperseite legen, und mit dem rechten Bein zur rechten Seite usw.

43   44

Achten Sie darauf, daß Sie immer mit gebeugten Knien tanzen. Unterstützen Sie die Armbewegung durch eine stark ausgeführte Körperwelle. Atmen Sie bewußt aus! Das hilft Ihnen, die Bewegung zu genießen und ausdrucksvoll zu tanzen.

Zählen Sie:
Arme zur rechten Seite und linkes Bein: 1
Arme werfen und rechtes Bein nachsetzen: 2
Arme zur rechten Seite und linkes Bein: 3
Arme werfen und Beine still: 4
Arme zur linken Seite und rechtes Bein: 1 usw.

43 **44** Während der Bewegung *Rückkehr zur Erde* immer tiefer in die Knie gehen. Die kleinen Seitschritte können ab einem bestimmten Punkt nicht mehr ausgeführt werden. Ohne die Seitschritte immer tiefer gehen, bis die Knie auf dem Boden sind. In dieser Position die Armbewegung beibehalten, bis der Wechsel zur nächsten Bewegung erfolgt.

45

Himmel und Erde

45 **46** Den rechten Arm nach oben werfen und wieder vor die Brust bringen. Mit dem linken Arm aufstützen. Der Blick folgt dem Arm. (2 Zeiten)

Diese Bewegung wiederholen. (2 Zeiten)

Dann den gleichen Bewegungsablauf mit dem linken Arm ausführen.

Bewegen Sie auch in dieser Position den Körper in der Wellenbewegung und federn Sie im Rhythmus der Armbewegung leicht auf und ab.

Zählen Sie:
Rechter Arm oben: 1
Rechter Arm unten: 2
Rechter Arm oben: 3
Rechter Arm unten: 4
Linker Arm oben: 1...

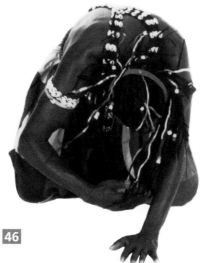

46

"1 - 2 - 3 - 4 - Himmel - Erde - Himmel - Erde ...und fertig! Gut gemacht! Super!

Und jetzt eine kleine Pause!"

Literatur

1. Italiaander, Rolf: Afrika hat viele Gesichter, Droste Verlag, Düsseldorf, 1979 Auszug aus einem Gespräch des Autors mit Keita Fodéba (bearbeitet von B. Brugger)

   Keita Fodéba, geb. 1921 in Guinea, aufgewachsen als Sohn eines Griots, Jurastudium in Paris, Gründer des Nationalballetts Guinea, das unter dem inoffiziellen Titel "Botschafter der afrikanischen Kultur" die ganze Welt bereiste. Fodéba war der erste Choreograph, der traditionelle afrikanische Tänze auf der Bühne inszenierte. Viele seiner Gedichte und Lieder (auf Schellackplatten gepreßt) wurden von der französischen Kolonialverwaltung wegen nationalistischer Tendenzen in ganz Westafrika verboten. Nach der Teil-Autonomie 1957 (1958 wurde Guinea unabhängige Republik) wurde Fodéba Innenminister. Er nahm großen Einfluß auf die Kulturpolitik seines Landes und arbeitete weiterhin als Ethnologe, Musiker, Dichter und Ballettmeister. Im März 1969 wurde er beschuldigt, an einer Verschwörung gegen den Präsidenten Sékou Touré beteiligt gewesen zu sein, zum Tode verurteilt und hingerichtet. Über Fodébas Tod gibt o. a. Autor an, daß er bei politischen Auseinandersetzungen ermordet wurde.

2. Youssou N'Dour & le Super Etoile de Dakar: Immigrés, Earthworks, Virgin Records Ltd. 1988

3. Flatischler, Reinhard: Die vergessene Macht des Rhythmus, TA KE TI NA, Synthesis Verlag, Essen 1984

4. The drummers of Burundi, WOMAD Production, Real World Records Ltd./ Virgin Records Ltd. 1992 – Auszug aus dem Labeltext der CD

5. Hart, Mickey: Die magische Trommel – Eine Reise zu den Quellen des Rhythmus Wilhelm Goldmann Verlag, München 1991

6. Fatala,WOMAD Production, Real World Records Ltd./Virgin Records Ltd. 1993 – Auszug aus dem Labeltext der CD

7. Kubik, Gerhard: Zum Verstehen afrikanischer Musik, Philipp Reclam jun., Leipzig 1988

8. Günther, Helmut: Jazz Dance, Geschichte/Theorie/Praxis, Henschel Verlag Berlin 1990

9. Barmeyer, Eike: In der Trommel schlägt das Herz des Tänzers, Malang Demba – Ein Griot in Westafrika, ein Dokumentarfilm des Bayerischen Rundfunks, 1995

10. Tutuola, Amos: Mein Leben im Busch der Geister, Alexander Verlag, Berlin 1991 (aus dem Gepräch mit Ulli Beier, im Anhang)

11. Huet, Michel: Afrikanische Tänze, Du Mont Köln 1979

12. Tutuola, Amos: Mein Leben im Busch der Geister, Alexander Verlag GmbH, Berlin 1991 (erstmals erschienen bei Faber & Faber, London 1954)

13. Ba, Amadou Hampaté: Jäger des Wortes, Peter Hammer Verlag, Wuppertal 1993

14. Acogny, Germaine: Danses de la fôret d'Aloopho, aus" Danser le Monde Aujourd'hui", Copyright Pascal Maurice, Verneuil-sur-Seine 1994

15. Krings, Thomas: Sahel, DuMont Kultur-Reiseführer, DuMont Buchverlag, Köln 1990

16. Acogny, Germaine: Afrikanischer Tanz, Kunstverlag Weingarten, Weingarten 1994

17. Huet, Michel: Afrikanische Tänze, Du Mont, Köln 1979

Barbara Brugger · Ines Blersch

Tanzen zwischen Himmel und Erde

mit Choreographien
von Cheikh Tidiane Niane

Barbara Brugger und Ines Blersch ist es mit diesem Buch gelungen, eine fundierte Einführung in den traditionellen afrikanischen Tanz zusammenzustellen und die Leser gleichzeitig auf eine stimmungsvolle »Tanzreise« nach Westafrika mitzunehmen.

Während der erste Teil auf die Geschichte und den Hintergrund des afrikanischen Tanzes eingeht, gibt der zweite Teil mit seinen Texten von afrikanischen Autoren und zahlreichen Farbfotos eindrucksvoll die faszinierende Atmosphäre des Lebens und Festefeierns in Afrika wieder. So ist der Boden für den dritten Teil des Buches bestens vorbereitet, in dem die detaillierten Schrittfolgen und Choreographien von drei Tänzen in Wort und Bild zum Nachtanzen einladen. Die Notation für die Trommeln und die Noten der entsprechenden Lieder sind ebenfalls mit angegeben.

So gibt dieses Buch nicht nur einen tiefen Einblick in die Welt des traditionellen afrikanischen Tanzes, sondern ist gleichzeitig eine detaillierte praktische Anleitung für das Tanzen selbst.

ISBN 3-924195-13-7

Informationen über Tanzkurse mit Cheikh Tidiane Niane erhalten Sie bei:
Cheikh Tidiane Niane, Höhne 4, D–79736 Rickenbach

  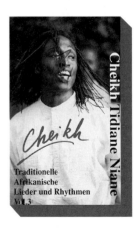

Die Cassetten zum Buch:

Traditionelle afrikanische Lieder und Tänze

Vol. 1, Vol. 2 & Vol. 3 von Cheikh Tidiane Niane

Nach dem Lesen und Anschauen dieses Buches haben Sie vielleicht Interesse bekommen, die dazugehörige Musik zu hören.

Auf drei Cassetten hat Cheikh Tidiane Niane die in seinem Unterricht besonders beliebten Lieder und Tänze eingespielt. Seinen Gesang begleitet er mit verschiedenen Trommeln und dem Balaphon.

Die in diesem Buch beschriebenen Tänze sind auf der MC Vol. 2 (Hochzeitstanz) und Vol. 3 (Erwachsenentanz & Heiliger-Wald-Tanz) aufgezeichnet.

Wasi Rhythms

Cheikh Tidiane Niane, Hans-Peter Künzle & Dominique Starck

Eine wunderschöne CD mit sowohl ruhigen, hingebungsvollen als auch kraftvoll rhythmischen Stücken.

Die Dokumentation einer echten Begegnung zweier Kulturen. Ebenso wie die Cassetten über den Buchhandel oder direkt beim Arbor Verlag erhältlich.

Unseren kostenlosen Katalog zum afrikanischen Tanz schicken wir Ihnen auf Anfrage gerne zu:

Arbor Verlag · Am Saisen 4
D - 79348 Freiamt